# 快乐一嘉

李维嘉 著

KUAILEYIJIA

北京联合出版公司
BeiJing United Publishing Co.,Ltd.

## 生命不息,折腾不止

## 快乐从在脚下开始

## 生活在聚光灯下

## 另一个真实的维嘉

## 再不出发就老了

## 后　记

　　认识维嘉是好多年前了，大概快要有十年了吧。那个时候我刚出道，还没怎么接触娱乐圈，快乐大本营改版的那一期，李湘离开，只剩何老师和维嘉两个人主持。那一期我作为特约嘉宾参加节目的录制，录完之后，何老师和维嘉晚上叫着我，一起在酒吧庆功。那晚我还认识了龙丹妮，我们这群人的缘分也就是从那时开始的。

　　和嘉爷熟悉的人都知道，他是再典型不过的天蝎座了，爱恨分明，品味毒辣，但同时，他又格外善良和温和——在我眼里，和嘉爷每次相聚唱歌、看电影或者聚会，都是一件又放松又快乐的事情。

　　我之前曾经好玩儿，出过一张唱片，那时的巡回宣传，大概跑了四五个城市，每个城市几乎都是嘉爷主持，我和他就迅速地熟悉了起来。这些年虽然聚会的日子不多，但是每一次相聚，都完全感觉不出任何的生疏。很多圈内的人都和我说，我上快乐大本营时候的状态比上其他任何节目的状态都要好，那是因为，有他和何老师的保护，我什么都不害怕，说错话，做错事，他们总会帮我圆场。

朋友间的默契。

但正因为太熟了，反倒有点不知道该写点什么。

之前帮维嘉写过歌词，《以爱之名》，我了解他，所以按照我眼里的他来写的，写完他很喜欢，说一个字都不用动——尽管和整张快乐家族的歌曲放在一起有点特立独行。

维嘉喜欢享受生活，物质讲究，兴趣众多。但同时，他又喜欢很多文艺而又小众的东西。一般某首MV或者某个美剧还没红起来，他就已经看过了，四处推荐。他永远是我们这群人里的信息获取源泉。

我不认识年轻时候的维嘉，我从杨柳和丹妮那里听说了很多，听上去是一个很妙的人，有很多特别的经验值得书写。我认识维嘉的时候，已经是杨柳口中他"改邪归正"的阶段了。那到底他年轻时候的生活有多么疯狂和绚丽，我只能从他们口中去猜测和想象了。环游世界，爱恨淋漓。

所以，我特别想看看，维嘉的书到底写些什么——他总算绕到我的本行里来了。

作为好朋友，衷心祝福维嘉新书畅销，给各位带来阅读的快乐。

郭敬明

梦

Chapter... 01

## 当梦经过的时候

　　很多时候，人生真的就像是一场编排好的梦境，既是偶然，又是必然。很多事情好像冥冥当中就有一番安排一样。

　　小时候，我在工厂的门口游泳，当时就看到沈丹萍等人在拍电视剧，她是我父母那个年代的偶像，经常演的就是知青那一类的角色，非常受欢迎。

　　见到有热闹可以看，我也不游泳了，盯在那儿看，发现电视剧原来是这样拍出来的，那会儿年纪还小，除了好奇，也没有想太深入的东西，感觉拍电视剧这类事情和我压根儿就没什么关系。留下的最深刻的印象就是有一群人里三层外三层地围观，连我父母也争先恐后地挤进人群里，我感觉很奇怪，也很神奇。

初中的时候，岳麓山底下有一个书院，琼瑶阿姨的《六个梦》正在那里开拍。我们的学校也在附近，当时学校的食堂都是散落在山里面，没有小区，也没有围墙，不仅我们学校这样，附中、湖南大学也是那样。所以我们围观拍戏，可以说既占尽地势，又不耽误吃饭。

我们一群人就围在那里看，前面的学生就说台湾的琼瑶在拍电视剧，有刘雪华还有其他一些人，在那时，他们是非常有名的明星。

很多年后，我来到湖南电视台才发现，原来我们的台长欧阳常林，最早也是跟着琼瑶阿姨一起拍戏的。也许我和湖南电视台冥冥之中真的有缘分，当年，也许在我围观琼瑶阿姨拍戏的时候，正好与欧阳常林擦肩而过呢。

小时候，有类人用当下的流行词形容是很"宅"的，比如宅在家里打游戏的，宅在体育馆里练体育的；还有一类人就是活跃于学校文艺队，而我恰恰是这一类的。高鼻梁，大眼睛，在当时那个年代，很多同学和老师觉得这样长相的人就算是帅哥，七十年代的人会有这样的前瞻性感官，他们会认为这种长相现在是帅哥，长大了也应该是帅哥，并且他们觉得这样的人都应该是能歌善舞的。所以很多人认为我会成为明星，或者是往那方面发展，我也这么觉得。

我在初中的时候很喜欢小虎队，也就在那时，同父亲失散多年的伯父突然从台湾回到大陆，找到了我们。令我感到诧异的是，我的这个台湾归来的伯父竟然是小虎队成员苏有朋的数学老师。因为我长得和吴奇隆很像，伯父也认为我肯定可以成为小虎队当中的一员。这些戏剧性的人生际遇，似乎也编排好了我接下来的人生路。

有一次，伯父跟我谈心说："如果你想要成为小虎队那样的明星，就应该成为像乖乖虎苏有朋那样的人，因为他品学兼优，文艺能力出众，任何一方面拿出去都是出类拔萃的。"

从此，我便像被伯父的话施了魔法一样，各种对自己严格要求。我首先要做的就是学好普通话，因为伯父、姐姐都是从台湾过来的，如果用湖南话和他们沟通显然是不可能的，我父母又是地地道道的湖南人，说话也是有湖南口音的。学好普通话也就成了我首先要做好的一件大事。伯父经常带着我去全国各地游玩，增长见识，我们经常在一起交流，这也致使我学习的普通话里夹杂着台湾腔儿，玩笑地讲，直到现在我讲话还有一点儿"台式味道"。

有时候回想起来，真的觉得人生的很多路不是我想走就能走的，很多人不是我想遇到就可以遇到的，这些人和事，仿佛冥冥之中就有其固有的方向和规律，无法撼动，坚实如初。而我走上这条路，也是很多人、很多种因素促成的，这些因素和努力成为我走到今天的关键所在。

# 广播"现声"记

　　小时候最讨厌听别人说"大人说话小孩别插嘴"，总是渴望自己快快长大，挣脱父母的"束缚"，像小说里写的那样凭自己的本事独闯世界，历经人生的风风雨雨，最终在社会上站稳脚跟，有自己的一席之地。可当这一天真的到来了，却又不禁怀念起曾经的年少时光，那种无可比拟的青春阳光一去不复返，空留一声悲叹。不知不觉中，悄无声息时，我们告别了青涩，走向了成熟。"风一样聚拢又云一样跑开，雪一样凝固又水一样流去。"青春在众说纷纭、莫衷一是中静静地矗立，怀疑、徘徊、飞扬是它的谜面，而成长，是它最终的命题和答案。

　　有一天晚上，我在台里录完节目打车回家。坐在后座的我习惯性地看着车窗外行色匆匆的人流。有的为梦想，有的为生计，都在这个世界上奔波。他们独一无二的故事淹没在这个喧嚣的城市里，用自己的奋斗书写着青春……就在这时，一个身背双肩包、脚蹬山地车的男孩从我眼前飞驰而过，那奔逸绝尘的背影仿佛就是曾经的自己——"拉风少年"。而他头戴耳机的样子，更是勾起了我对高中时代的浓浓回忆。

现在的高中生几乎人手一部手机，iPhone 都很常见，小男生们更是常常为 IOS 和 Android 孰优孰劣而一争高下。但我上高中时，随身听才是最"Huashion"的潮品，是很多同学挚爱的宝贝。谁要是有一个 SONY 的新款 Walkman，就如同拥有一个现在的 iPhone5S 64G 土豪金，不经意间在口袋里露出随身听的一角，绝对赚足眼球。无论是课间休息还是上下学的路上，甚至在食堂的饭桌上，总能看见身挂随身听、头戴耳机、神情专注、不时随着音乐摇头晃脑的同学。作为先锋潮人的我，当然也是这"耳机族"的一员。

大家喜欢随身听不是没有理由的，每天埋头苦读，把全部的精力都投入到学习中，唯一的娱乐生活就寄托在这小小的随身听上了。耳机里传来的音乐和故事，是洗刷一天疲惫最痛快的热水澡。我敢保证，能为大家提供解乏良药的声音，就来自于同学们的耳机传来的同一个波段——FM90.1 湖南经济广播电台。

这个电台是湖南省第一家调频立体声电台，实行全天 18 小时直播，当时拥有大批的青少年听众。

但是在这之前，电台广播在青少年眼中就是"老土"的代名词。电台节目非常正统，实在很难变通，他们总是在周而复始地重复过去的模式，重复过去的思路。播音员、主持人永远用一成不变的语调字正腔圆地念稿子，播放的音乐大多也是那些听腻了的陈词滥调……这也是当时电台的困境——不能打动越来越新潮的年轻人。给我们留下最深刻印象的广播节目恐怕只有长篇评书连播了，听着单田芳老师略带沙哑的嗓音，从容不迫地演绎着故事中扑朔迷离的情节，感受到历史的源远流长。也幻想自己是剧中的江湖人物，豪情万丈，大碗喝酒、大口吃肉，侠肝义胆，一笑泯恩仇。

怎么能用难能可贵的课余时间听广播！随身听这种时尚潮品当然要用来听卡带——费玉清、邰正宵、张学友……都是我们年少时崇拜追求的偶像。

可就在这时，湖南经济广播电台横空出世，像一道闪电一样亮瞎了年轻人的双眼，以"迅雷不及掩耳盗铃之势"迅速在青少年中火了起来，大家就像着了魔似的疯狂爱上了广播。

湖南经济广播电台之所以能够吸引到年轻人的关注，是因为节目内容很好地契合了年轻人的心理，把年轻人带入了一个丰富、有趣、时尚的有声世界。轻松活泼的主持方式，流行动感的音乐节拍，尖端时尚的潮流资讯，体贴关爱的生活信息，再加上有奖互动的观众参与方式……这一切的一切，都让当时的我们感到那么的新奇。

那个时候，湖南经济广播电台成了"城中之热"，成了人们茶余饭后热烈谈论的一个话题。同学们经常热火朝天地讨论着哪首歌最好听，哪个歌手唱得最好，哪个话题最有意思，哪个主持人的声音最动听……湖南经济广播电台的节目几乎占据了我们所有的业余时间。而那些"只闻其声不见其人"的电台主持人则成了我们心目中最崇拜的明星。同学们各自都有自己特别钟爱的节目主持人，大家经常凑在一块儿，根据他们甜美或磁性的嗓音，猜测他们的外形是什么模样——帅气俊朗还是清甜可爱。

那时，我最喜欢的节目是《迷你娱乐宫》。这个名字现在听上去可能有些老土，但当时它真的是红得发紫。节目会介绍一些时尚资讯、明星八卦，还有

非常好听的音乐、好玩的游戏以及参与热线。这些话题确实非常吸引年轻人，但更吸引我的是这个节目的三位主持人：潘峰、岳玲和洪涛。他们在节目中可谓是妙语连珠、鲜活灵动，简直让我崇拜得是五体投地。尤其是潘峰，他主持节目极为放松，声音十分具有磁性，笑声非常有感染力，每次听他的节目，都是一种超凡的享受。

也就是从这个时候起，我知道了什么才是"主持人"，主持人应该带给听众和观众什么感觉。

除了《迷你娱乐宫》，还有一个节目《青苹果乐园》我也非常喜欢。这是一个学生节目，但完全摆脱了以往青少年节目的幼稚做法——讲讲故事，放放儿童歌曲。整个节目的感觉就是"高端洋气上档次"。《青苹果乐园》节目的主持人叫尹洋，她经常会通过同学们的来信或热线电话了解他们心中的真实想法，然后提炼出一些话题让学生朋友讨论。因此，好多同学都把《青苹果乐园》当作自己倾诉心声的地方，自然而然也就把尹洋姐姐当作最知心的朋友了。

我就是这个节目的忠实听众，但我并没有什么烦恼和心事，只是喜欢听听我身边的同龄人在想什么，遇到了什么问题。这样能锻炼自己的心理承受能力，还能让自己少走弯路，借鉴他人的经验教训，万一遇到类似的问题不至于手足无措。当然，我对这个节目情有独钟还另有原因：尹洋姐姐经常会邀请一些同学和她一起主持节目，这让我非常向往。这个制造欢乐和梦想的地方，就是我心中神秘的圣地。如果这个广播里也能传出我的声音，那该多奇妙，多自豪啊！

就在这个时候，我从广播里听到了另一个男孩的声音——何炅的声音。他的声音很有磁性，和尹洋姐姐的配合也极为默契，在我心中留下了深刻的印象。这让我更加心驰神往、跃跃欲试，内心逐渐萌生了的一个小梦——有一天也能做一回嘉宾主持！

我没想到，我的梦想真的变成了现实！

有一天，我放学回到家中便打开收音机，一边听着节目一边帮妈妈收拾收拾准备吃晚饭。过了一会儿，饭菜上了桌，而我喜欢的《青苹果乐园》也开始了。那天聊到的话题是：父母会对你自己的房间布置提出要求吗？你会如何布置自己的房间？那时的我虽然是节目的忠实听众，但从来没有拨通热线参与过节目，一方面是热线电话非常忙，很难拨通，另一方面我认为能听听节目就是很好的享受，没必要凑个热闹来体现听众的"自主能动性"（电台号召大家积极参与节目的广告词）。

但那天我鬼使神差地拨打了这个热线，更令人称奇的是，我一拨就通了，要知道，有成百上千的人在抢这个热线，真的是极难拨通。

就在我发愣的时候，电话那头传来了一个熟悉的声音："你好！湖南经济广播电台热线，你要参与节目吗？"

这好像是我最喜欢的主持人潘峰的声音？我的心"咚咚"直跳，"你好！我……我可以参加节目吗？"我非常紧张。

"当然可以！你知道我们的话题吗？"

"知道！"

"好，那你现在和尹洋姐姐直接交流！别紧张！"

听到对方关心的话语，我的紧张情绪缓解了不少。我整理了一下思路，开始表达自己的观点和想法。我已经记不清当时都说了些什么，只记得自己说得洋洋洒洒、非常流利，尹洋姐姐在节目中也夸奖了我的口才，还多了解了一下我的情况。我和尹洋姐姐互道了再见，正当我心满意足准备放下电话时，电话那头又响起了那位导播熟悉的声音："你好！这位同学，请先不要挂电话。"

"有什么事吗？"我愣了一下。

"你好！我是主持人潘峰，今天客串一下导播的角色！"

"真的是你！"我的心中迸发出激动与兴奋的火花，"我特别喜欢听你的节目！"

"谢谢！我想问你是否有兴趣主持节目？"

"主持节目？在电台吗？"我不敢相信自己的耳朵。

"是，我们觉得你的声音条件非常好，很适合做主持人，来我们这里锻炼锻炼，说不定是个很好的主持人！"

天啊，天啦，天呀！这是真的吗？最红的节目主持人夸奖我的声音好听，我不是在做梦吧？我激动得差点扔下电话跳起来，平静，平静，平静。我极力镇定了一下心情，用颤抖的声音问："我真的可以吗？"

"当然。你叫什么名字？联系方式是什么？"

"我叫李维嘉……"我把家里的电话留给了他，还是不敢相信这是真的，"你真的会同我联系吗？"

"Why not？"

"Ok！ Waiting for your call！"我的回答也用了一句英文。

当晚，我兴奋得几乎吃不下晚饭。在兴奋与忐忑中度过了几天后，我接到了潘峰的电话，让我去电台试音，然后，我成了《青苹果乐园》的客座主持。当我坐在湖南经济广播电台的播音室里，戴上耳机，在话筒前说出第一句话时，我依然有种做梦的感觉……

我就是从湖南经广的直播间里开始了主持生涯，虽然只是临时客座主持，但我已经下定决心，这就是我以后要走的路。

现在想起来，如果当时的我没有拨通热线电话，我还会走上主持人这条路吗？最明亮的火焰常常是由意外的火花点燃的，不时散发出芬芳的花朵也是偶然落下的种子自然生长起来的。感谢少年时代的我，有爱好、有兴趣、有梦想、有勇气去尝试，有时间去历练。青春年少的我自此明白了"抓住机遇，把它变成美好未来"的道理。机会不是来访的客人，不会在门外敲着门，等待我们开门迎接它。机会是难以捉摸的鬼精灵，无影无形，无声无息，没有任何光亮和阴影让我们察觉它的接近。只有不断充实自己、完善自己，朝着梦想的方向努力奔跑，才能在机会从身边轻轻掠过的一刹那，稳稳地将它抓在手心。这让我想起了小虎队的那首歌："放心去飞，勇敢地去追，追一切我们未完成的梦……"

# 难忘"师"情话意

在中国人的观念里，"老师"是一个神圣的词。

很多学校都有"教师是人类灵魂的工程师"这样的标语。从出生到进幼儿园，到大学毕业，乃至进入社会，我们会遇到多少"老师"，或许连自己也说不上来。但真正能够对我们起到关键作用，甚至影响我们人生走向的，往往也就那么几位。

回想起来，自己能够在电视行业取得如今的成绩，不得不感谢潘峰老师和单平老师。是他们，耐心地牵着青涩的我，一步一步走过许多春夏秋冬，走过许多高山低谷，最终走上理想的舞台。

高三那年，我更加确定了自己要走的路，因此下定决心要考上一所正规的广播电视院校，只有这样才能实现自己的梦想。因为有在申台主持节目的经验，我对自己还是比较有信心的。结果我的启蒙老师潘峰说："你这样的水平离正规院校的要求还是有相当大的距离。"

我一听，顿时有些慌了。"那我还有希望吗？"

潘老师连忙拍着我的肩膀说："别急，还有半年多的时间。我认识一位资深的播音老师，要不把你介绍给她吧？她可以从专业考试的角度给你辅导辅导。"

我心里的喜悦和感激一下子像泉水一样涌上来，我竟然不知如何反应，愣了好一会儿，最后才尴尬地连连称谢。都说一个好老师的恩情，可以让他的学生一辈子感激不尽。是潘老师带我走上广播主持的道路，也是潘老师在我最需要帮助的时候向我伸出援手。

不久，在潘老师的带领下，我拜会了当时湖南省最好的播音老师单平。

单老师非常和蔼，说她是当时湖南最好的播音老师一点都不夸张——她可是毛主席钦点的播音员，比赵忠祥老师的资历还要深，绝对的根正苗红！我们都叫她单阿姨。

第一次见到单阿姨时，她要我播一段报纸上的新闻给她听。我毫无准备，嗑嗑巴巴地播完了那段新闻，心像掉进了无底洞："完了，自己都听不过去……"

单阿姨问："你刚才播的那段稿子什么意思，你自己明白吗？"

刚才念稿子的时候，我所有的心思都在"字正腔圆"上，根本没理清全文意思，更别说注意停顿、断句和语气了。我只好老实巴交地摇头："不明白。"

"你自己都不明白，听众和观众又怎么会明白呢？播新闻是要让大家了解发生了什么，而不是告诉大家这条新闻是由这么些字组成的。"

单阿姨一下子指出了我的缺点。从此，我开始有针对性地学习。每个星期天下午，我都会出现在单阿姨家，风雨无阻。和我一起上课的还有一个女孩，她叫小岚，听说学了七八年大提琴。我们俩在单阿姨的悉心教导下，从 a、o、e、i、u、ü 这样简单的拼音开始，进行了几个月的正规训练。

单阿姨为我们进行了多次模拟考试，以增强我们的心理承受能力。临考前，她鼓励我们说："好好发挥，一定会成功的！"

就这样，我们带着单老师的期望走进了考场。

其实，北京广播学院和浙江广播电视高等专科学校在长沙都设了考点，而且单阿姨就是主考官。单阿姨执意要我和小岚去这两所学校的所在地，也就是去北京和杭州参加考试，因为如果我们在长沙考试的话，她就会有偏袒自己的学生之嫌。于是，1995 年 3 月，我只身一人前往风景如画的杭州。

俗话说：上有天堂，下有苏杭。第一次去杭州，原本该是满怀期待的，可我当时压力特别大，根本就没有游山玩水的心情。毕竟第一次一个人在一个陌生的城市，而且还要参加决定命运的考试，谁还能轻松得起来呢？临考前的两个晚上，我紧张得无法入眠，脑袋里乱糟糟一片。我担心自己发挥不好，担心试题太难太偏，担心面试官很难搞，担心其他考生太优秀……总之，作为一个普通考生，我很难阻止这些胡思乱想。甚至到了后来，我都有点要退缩的感觉了。就在那时，我想起了单阿姨，想起了潘峰老师，想起了在家里等我好消息的父母，于是握紧拳头，告诉自己：加油！你一定能行！越害怕就越容易失败！

经过心理暗示和调整，我渐渐放宽心，该干吗干吗。

初试那天，浙广校园被围得水泄不通，到处弥漫着凝重的气氛，候考的同学紧张不已，考完的同学唉声叹气，当然，也有感觉考得不错的，看起来很兴奋。

轮到我了。我刚坐到考官面前，他们就问我："你们家有外国血统吗？你是混血儿吗？"

我连忙解释说："不是，不是，只是长得比较像而已……"

我的第一场考试就是以这种拉家常的方式开始的。简短的对话之后，考官说："你已经通过初试了，好好准备复试吧。"

我有点难以置信，不是吧？我准备的稿子还没念呢，这就通过了？后来我才知道，其实在聊天的过程中，考官就已经开始对我的考察了。他们和单平老师一样，都是老资历的播音员，考生一开口，他们就知道是不是干这一行的料儿。这就像选秀节目的导师一样，一个选手会不会唱歌，只要他一张嘴就知道。而且，那天我一直很放松，回答也很自然，这无疑又给我加了分。

有了初试的经验，我毫无压力地通过了第一轮复试。不过，我知道不能高兴得太早，因为还有最关键的一场考试——试镜。

试镜时，考生要播一段新闻，然后进行一段即兴演讲。很多考生都很怕即兴演讲，但这刚好是我的强项，因为我本来就是校演讲队的呀！

完成试镜考试，我回到了长沙，正准备马不停蹄地赶往北京，何老师打电话来说：北广的考试已经结束了。

我并没有觉得特别失望，只是小小地失落了一下，然后这小小的失落很快又被大大的喜悦冲走了。因为我以湖南省专业成绩第一的高分出线。这对于我自己，对于单阿姨，对于我父母，对于所有对我怀着期望的人来说都是莫大的安慰。

拿到了专业录取通知书后，我第一时间看望了单阿姨。她说，我能以省专业课第一名的好成绩考上浙广，她也为我骄傲。

之后的很多年里，我还是会经常去看她。没有单阿姨，我无法这么顺利地考上浙广，也不可能取得今天的成绩。她不仅是我的专业启蒙老师，也是我的人生导师，这么多年一直影响着我。有时因为工作太忙，我的父母就会代我去看望她。

如今，单老师已经辞世多年。斯人虽逝，但我永远怀念她，永远记得她留给我的"师"情话意。

# 那些单纯而美好的回忆

## 一 离别的牵挂

1995 年的夏天异常酷热。据说近 30 年来，长沙 7 月份持续高温天数超过 12 天的只有 4 年，而最严重的就是那一年，长达 15 天。整个夏天，热浪滚滚，空气焦灼，似乎特别漫长。但对我而言，那点温度远远敌不过我对大学校园的期盼。寒窗苦读 12 年，终于换来了一个完美的结局——我如愿以偿地走进了浙江广播电视高等专科学校的大门。

象牙塔，我梦寐以求的地方，我来啦！

父母也兴致高涨地讨论着送我去学校的事宜，结果，我给他们浇了一盆凉水。当时年少气盛，觉得自己已经是大学生了，是成年人了，要学会独立，拒绝做温室里的花朵。

一向很尊重我的妈妈没同意。毕竟要离开这么久，去一个陌生的城市独自生活，她实在放心不下。我没能拗过父母，只好收起男孩子的那点"自尊"，最后选择了妥协。一家三口就这样上了开往杭州的火车。

我算是一个细心的人，一些重要的日子都记得很清楚。报到的日子是1995年9月14日和15日，而我们是在9月12日到达杭州的。

因为提前到了，父母就住在学校里陪我。他们就像巡视员，每天出去转悠，食堂、水房、宿舍、厕所、教室……看完回来就开始叨叨："伙食不好……浴室没有热水……宿舍没有暖气……"

那时候，虽然我能理解父母的苦心，但听到他们成天唧唧喳喳的，还是会生气，然后摆出一副官腔说："我是来上学的，又不是来享福的！条件不好就不念了吗？"

爸爸连忙说："对对，应该让孩子好好锻炼锻炼！"

在他们的叨叨絮絮中，同学们陆续来了，也都是父母送来的。大家互相认识后，和爸爸妈妈们投入到了轰轰烈烈的宿舍布置工程中。

宿舍不大，要塞六个人，以及我们的全部家当。正值夏天，我们要把蚊帐支起来，可就这么个简单的活儿，也把大家忙得四脚朝天，还好有父母在，七手八脚地，总算都布置好了。

帮我安置好一切，爸爸妈妈也该回去了。其实他们还想再待两天，但我太渴望自由，报到结束后，我就让他们离开杭州。他们很理解我的心情，没有坚持，买了当晚的机票，踏上了归程。

走出宿舍的时候，天色已暗。多情自古伤离别，加上那天还下起了淅淅沥沥的小雨，我们的情绪都变得无比低落。从宿舍到校门口，我们走了很久。爸爸妈妈不断地叮嘱我要注意身体，要好好学习，要管好自己，要远离坏习惯……

说着说着，妈妈的声音哽咽起来。

那一刻，一直被我掩藏在心底的伤感翻腾上来，而我却故作轻松地说："好了，我知道了，别担心我了。你们也要照顾好自己，我会经常给你们打电话的。"

到了校门口，我迅速拦了一辆出租车，催着爸爸妈妈上车，因为我怕自己会情绪失控。在父母面前，我们始终是不经事的孩子，是脆弱的孩子。我的征途渺渺，而他们归途漫漫，我不希望在即将离别的时刻，还给他们增加一分牵挂。

"别难过了，我会照顾好自己的，你们到家后给我打个电话啊！"看着车里的父母，我懂事地安慰、道别。

妈妈已经泣不成声，爸爸红着眼睛安慰道："别哭了啊，都这么大了，不会有事的。"我知道，妈妈不是担心我的生活，而是不习惯身边突然没了我。从小到大，我第一次离她这么远、这么久。

我终是没能忍住眼泪，连忙转身对司机说："可以了。"

车子开动了。

车窗落满雨滴，朦胧了父母的身影，定格成永恒的画面。我久久地站着，一动不动，不记得想了些什么，或许什么也没想，只是任泪水和雨水肆意流淌。在以后的岁月中，每每累了、倦了、伤了，我的脑海中都会浮现出那一幕，伤感却又温暖。

## 二 象牙塔里的精彩

我带着梦想走进大学，而梦想也在大学里找到了合适的土壤，开始发芽、成长。我上的不是什么名牌大学，但对于我们这些怀抱电视梦的年轻人来说，却是实实在在的沃土。

我念的是播音专业，当时属于新闻系，只设了一个班，50个人，其中男生只有16个。俗话说"物以稀为贵"，我们班的男生自然成了"宠儿"，以至于其他系的男生都特别羡慕我们："播音班风景独好。"很多事情女生们都不让我们做，怕我们累着，只有遇到搬东西啦、挂条幅啦等"重量级"的工作，才让我们一显身手。

刚进大学，师兄师姐们就给我们上课：浙广可是一个充满着浪漫色彩的地方，这里周而复始地上演着浪漫而美丽的故事。

于是，我们都怀着浪漫而美丽的憧憬，希望来一场浪漫而美丽的邂逅。可惜，整个大学时期，那些"浪漫而美丽的故事"并没有降临在我身上。但这并不表示我的大学生活不精彩，至少，"森林木"的记忆，将伴随我一生。

森林木是什么？就是我们宿舍的别称！是不是特有气势？一个"木"对应一个人，六个"木"正好组成了我们这个"小森林"，而且每根"木头"各具特色，甚至可以说是"奇葩"。

"森林木"里最大一根木头，就是我们的老大楼华坚。他是我们当中年龄最大的，据说为了考上播音班，他在浙广旁听了两年专业课。当我们对学校还满怀好奇的时候，他已然是一副"过来人"的模样了，透着一股我们所没有的成熟与稳重。他对理想的执着追求，让我佩服得五体投地。

第二根木头是我们的班长，我们喜欢叫他老傅。老傅原来就是电台的主持人，但为了寻找新的突破点，他重新拿起了书本，加入了浩浩荡荡的高考大军，最终在千军万马中脱颖而出。一开始，大家总觉得老傅不太合群，和我们有代沟。可能是因为他有过真正的工作经历，和他相比，我们就显得稚嫩了。但日子长了，我们渐渐发现，其实他是个很有能力的人，在处事为人方面也非常成熟得体。他曾策划过一个系列活动，在全校范围内引起了巨大反响，使我们95播音班一时声名大噪。

我们的第三根木头就更有意思了。他是浙广招收的第一批藏族学生，叫罗布次仁，翻译成汉语就是"宝贝"的意思，因此我们常常"宝贝、宝贝"地叫他，有时还故意大声喊，弄得他特不好意思。

受"西藏"的影响，宝贝一开始给我们的感觉是很神秘的。他很少和我们相处，大多数时候都和他的同胞们在一起，碰面时也只是友善地冲我们笑笑。更神秘的是，每到晚上12点，他就会打扮得很帅气，然后出门。我们送了他一个外号——雪域雄鹰。后来混熟了，我们才知道，他不和我们在一起是因为还不适应我们的生活习惯；而晚上出门是因为对西藏的年轻人来说，12点才是夜晚的开始。

再后来，我们发现"雪域雄鹰"这个外号水分太大了！大一的校运会上，我们都觉得他生在高原，肺活量大，长跑肯定没问题，于是自作主张替他报了3千米长跑项目。结果这个"雪域雄鹰"中途就折翼了，没跑完全程……

宝贝是个可爱的大男孩，他的汉语不太灵光——对他来说，那已经是"外语"了吧？有一次，我正在寝室看书，他突然冲进来说："维嘉，快去看！外面正在打集体架。""啊？"我丈二和尚摸不着头脑，"什么集体架？"他着急地解释说："就是集体架！"我突然明白了他的意思，笑起来："你说的是'打群架'吧？""反正好多人在打架！"

剩下的三根木头和我一样，都是应届高中毕业生。一个叫旭东，是我们班男生中条件最好的。原本考上了北京广播学院，但因为档案问题来了浙广。不过，他很乐观，不仅没有抱怨，反而庆幸能够拥有这样一段曲折的经历。

睡在我上铺的是个哈尔滨人，叫路原，听这名字就有播音员的感觉。

最后一位，就是年龄最小的我啦！大家都叫我老六，也很照顾我。

起初，我们六个人几乎形影不离，吃饭、练声、学习、打水、娱乐都绑在一起，真真一个"森林木"，可是不久，这种状态被打破了。大家的生活日渐丰富，有的去叙写风花雪月的故事了，有的开始打工赚钱，有的忙于参加社团活动，只在晚上熄灯时才会在宿舍"集合"。

毕业后，我们各奔东西，为了各自的梦想继续奋斗、拼搏。联系渐渐少了，甚至断了，但大学时代那些单纯而美好的回忆，却成了青春岁月里最珍贵的花朵。

# 从拉风少年到主持人

娜娜说过一件事，说刚开始有人认识她那会儿，有天陪老乡逛街，路上有人突然拉住她说"妹子你好面熟"。大概是第一次在路上被认出来，娜娜就很得瑟，想在老乡面前显摆显摆，结果那人自己想起来说："你就是在西单卖鞋那小姑娘吧！"

娜娜的糗事给我们带来了无穷无尽的"娜式快乐"。基本上所有的艺人都会遇到各种"第一次"，有人也曾问我，第一次站在舞台上、第一次做主持人、第一次走在路上被人认出来……我是不是很激动？仔细回想了一下，自己的反应好像没有娜娜那么强烈。这大概和我从初中起就接触主持这一行，而且从小就认定自己一定会走这条路有关吧。总之，我觉得这些经历和其他经历一样，都是人生路上的点缀，并没有什么特别的。

当然，这种心态不是与生俱来的，用一句比较流行的话来说：我也曾年轻过。

记得考上湖南师大附中时，爸爸都流泪了。他当即奖励给我一辆山地车。那个时候，能够拥有山地车的人可没那么多。所以，托山地车的福，我成了"校园名人"。

当我骑着漂亮的山地车在学校门口潇洒而过时，回头率几乎达到百分之百。同学们纷纷低头私语："看！那个人好帅啊，好像刘德华！"听到这话，谁心里不是美滋滋的？刘德华啊，全民偶像！于是，我暗暗调整姿势，好让自己骑车的样子看起来更潇洒。就这样，向来不起眼的我成了学校里的"风云人物"，每天都很"拉风"。

学生时代还有几件很"拉风"的事，例如追到了"校花"当女友，又例如做了湖南经济广播电台的嘉宾主持，等等。

中学时期的我们，正处于情窦初开的年纪，谁都会有一些类似《十六岁的花季》那样的故事吧。初中时就有师妹向我表白。虽然我已经不记得当时的感觉了，但我想，应该是羞涩中带着兴奋的吧？进入高中，我成了许多男同学"羡慕嫉妒恨"的对象，因为我得到了"校花"的垂青。我到现在还能记起她的模样。她属于清秀型的美女，很有温碧霞的感觉。她经常穿一条复古的喇叭裤，走到哪里都能"倾倒众生"。男生们一个个摩拳擦掌、跃跃欲试，以把她追到手为最高荣誉。

当时，我不仅是校演讲队的成员，还是湖南经济广播电台的嘉宾主持，也算是"明星学生"吧。有些觉得自己没有戏的同学就力挺我、鼓励我——"哥儿们，加油！""李维嘉，就看你的了！"

其实我自己没什么把握。人家可是"校花"啊，追求者都能绕校园操场好几圈了，其中肯定不乏比我"拉风"的人吧？怀着惴惴不安的心情，我试着约所有男生心中的"女神"，没想到，她选择了跟我在一起。

那会儿，我利用课余时间，偶尔出去打打工、卖卖冰棍，赚取自己的零

花钱。不过，我最主要的经济来源是在湖南经济广播电台做节目的收入，一周大约有两三百块钱吧，对当时的我来说，数目是相当可观的了。另外，父母也会给我一些零花钱。杂七杂八加起来，我也算是"小土豪"一枚了。我当时的想法就是，我是男子汉了，要努力让自己做到经济更独立、生活更自由。为此，我甚至用自己攒的钱在外面租房子，过起了"自力更生"的日子。

短暂的高中时代是我人生的第一个小高潮。在那"拉风"的三年里，我收获了第一份爱情，试着一个人去面对人生，开始朝着更加成熟的自己前进。

所以，当成为名副其实的主持人时，我心里反而没有特别兴奋和激动，因为在我还是高中生的时候，就已经兴奋过了、激动过了。我始终都相信，自己一定会在舞台上绽放，而过程中的那些风风雨雨，让我比同龄人多了一分平静。

斗转星移，我还是我，只是，昔日的"拉风"少年，褪去青涩与虚荣，如今变得沉稳、懂得沉淀。

此刻，我享受着舞台带给我的满足感、事业带给我的成就感、观众带给我的幸福感。不再为那些浮华的东西"心神荡漾"，认真地、平淡地、一如既往地追求属于自己的人生。

# 我和柴静战斗过的地方

电台是我梦开始的地方。当时好像有这样一个规律，要想成为优秀的湖南电视人，就必须先接受湖南电台的淬炼，做一名有文艺信仰的广播人。因此，我们的前辈潘峰、洪涛（潘峰是我的恩师，洪涛是《我是歌手》的负责人）在这里战斗过，何老师和丹妮在这里战斗过，我也在这里战斗过。

但我并不是孤军奋战的，当时还有一个搭档——柴静。听到这个名字，你一定会想起电视屏幕上那个一脸认真、语言睿智的清瘦女孩。没错，我说的就是她，中央电视台新闻频道《看见》栏目的主持人柴静。

为人熟知的柴静总是出现在新闻第一线，因此可能很多人都不知道她的职业生涯和我一样，也是从广播起步的。当时，我还只是湖南经济广播电台的"客座主持"，偶尔串场陪主持人聊聊天。逐渐地，台里开始认可我的风格，让我独立主持一档节目，并给我分配了一个女孩儿做搭档。这个女孩儿就是柴静。我们俩因为湖南经济广播电台而互相结识，她同时也成为了我主持生涯的第一个搭档。

　　第一次和柴静一起主持节目时，我紧张极了。一来年纪轻，定力还不够；二来历练少，没什么经验。一直到后来各项工作慢慢熟悉，我才变得得心应手起来。相比之下，柴静就冷静得多，程序走得轻车熟路。

　　在我看来，柴静清瘦而干练，做什么事都十分认真。相比之下，我就随意很多，经常按照兴趣行事。说来也是年纪小不够成熟，对工作还没什么概念。柴静爱读书、爱思考，浑身上下散发着一股诗意，一看就是个标准的"文艺女青年"。别看她那么瘦，其实是个外柔内刚的人，有理想、有干劲，还不怕吃苦。

　　柴静对节目很有想法。有时候为了得到合适的主持机会，甚至可以不计酬劳。就是靠着这股冲劲，她创办了《夜色温柔》这档节目。凭借着独特的风格和睿智的语言，成为一众女孩儿追逐的榜样。其实当时最让我印象深刻还是她的思想，仿佛一片深海，铁马冰河，波澜不惊，底下却蕴藏着巨大的能量。虽然这些都是陈年旧事了，但每每想起还是有感于她的执着。可以说，当时的清丽女孩儿身上已经隐隐展现出她如今的女王魅力。

后来，柴静加盟了湖南卫视的《新青年》，然后又到中央电视台主持《东方时空》，如今，她成了央视一档家喻户晓的节目——《看见》的主持人。这一路走来，柴静的每一步都走得踏实而坚定。她有梦、有理想，也有为了追梦而努力实践的毅力。作为一个曾经和她有过一段交集的朋友，我真心为她感到骄傲。

我们一起从湖南经济广播电台起步，虽然走上了不同的道路——一个转型成言辞犀利的"娱乐大咖"，一个蜕变为深刻有见地的"意见女王"，但我们都不会忘记曾经梦开始的地方，也不会忘记彼此曾携手并肩，这般共同走过。

# 静候幸运女神之吻

湖南卫视打造的"快乐中国"理念已经深入观众内心，凭借推陈出新的节目、整合优化品牌资源，始终领先同行卫视。无论是老牌娱乐节目《快乐大本营》《天天向上》，还是新节目《我是歌手》《爸爸去哪儿》，都创下了一个又一个的收视纪录。其他卫视纷纷将王牌节目错档播出，不敢撄其锋芒。

但是90年代的时候，电台却是民间最活跃的娱乐媒介，热线、点歌之类的互动性节目是电台的优势。有时我就在想，为什么不把电台的这些特性移植到电视中去呢？电视节目也可以有个性，而且更具视觉观赏的优势，新闻联播、春节晚会之类完全不能满足观众的需求。后来中央台开始出现综艺大观、正大综艺之类的节目，而这两档节目也是观众最早看到的两档综艺节目。那时我发现，原来节目还可以这么做！

随后，我们就开始在湖南经济台做直播拿奖品的综艺节目，这个节目的另一个特点就是可以和明星互动，我就是在那时候认识了赵薇。快过年的时候，节目组说要拍一个贺岁版，所有工作人员都要出镜，大家扮财神、扮童子等，你唱一句，我唱一句，总之要营造出喜庆的氛围。当时我只是一个普通的工作人员，我唱的时候也露了个脸。

台长看到这个节目的时候就问身边的人，说这个人长得有点像刘德华，会主持吗？他说如果可以主持的话，有一档节目可以试着让他做。当时丹妮就在边上，她说："他就是学主持的。"但是丹妮舍不得我走，因为她觉得，如果我还继续坚持，在那档节目就会慢慢有我的位置，也许有一天我可以成为节目的导演。

1998年年初，《经视商业街》的制作班底准备将节目进行改版，这档节目以轻松、时尚、亮丽、活泼的特点而家喻户晓。但是一个节目不管多么出众，长时间不求变化，就会不进则退。《经视商业街》当时需要将各个环节更加细致化，使其单独成为几个栏目，将这几个栏目放在周末的白天档播出，形成一个周末版块。

但是，改版需要注入新的血液，加入新人。于是，原节目的骨干人才纷纷担任起制片人的职务，各自勇挑重担，招兵买马。陈洁就是这群年轻制片人中的一位，她负责的是一个时尚节目。台长推荐我去做主持人，没想到就是这样的一个转变，使我们成为了同事、搭档和朋友。

陈洁和丹妮是同班同学，而且还是同一宿舍的室友。两位师姐表现出色，都是台里炙手可热的人物。丹妮在制作综艺节目方面是一位高手，而陈洁主持的节目也备受欢迎，这使得浙广毕业生的形象在湖南电视界提升了好几倍。

陈洁很洋气，灵活、机智、独具气质的主持方式也深入人心。她对我说，她很早就想做一档纯粹的时尚节目。我对吃喝玩乐比较感兴趣，这档节目也正合我的胃口。但是在策划节目的那段日子里，我又一次体会到了"疯狂"的感觉。我们对节目的定位就是传播时尚潮流新理念：哪里好玩儿，什么歌好听，哪里有时装发布会，等等。为了找到新节目的思路和灵感，我们不断地逛街、泡吧，收看不同的电视节目，了解年轻人的心态……然而最后却发现，我们综合了若干种不同的意见、顾及了各个层面观众的收视心态而做出的企划案，根本就不属于陈洁和我所追求的时尚风格。

不得已，我们又开始改，改了否定，否定了再改，就这样不知改了多少遍，终于做出了一个让自己和领导都比较满意的策划案。

经过大家的不断讨论，这个节目的名字最终敲定，叫作《时尚传播》。栏目组的同事们除了陈洁和我接触过电视外（而我还未真正接触过电视节目制作），其余都是刚刚毕业的大学生，无论从社会阅历还是电视感觉来讲，他们都是一张白纸。这不免让人底气不足，大家心里都有点忐忑不安，不知道自己能否胜任。我也一样，这档节目最终能否成形？能否受到观众的欢迎？我心里真的没底。

庆幸的是，还有陈洁。作为栏目的制片人、我们的"前辈"，她给予了我们很大的鼓励。她说："一张白纸好做文章，大家不要顾虑太多，共同努力，争取早日推出新节目。"她的这番话，让我们的情绪舒缓了许多。

因为要担任《时尚传播》的主持人，我必须还要经过试镜。试镜那天，天气不是很好，下着小雨，这让本来就有点紧张情绪的我更加心绪不宁，恰好那天又是出外景，原本精心的打扮被雨浇得乱七八糟，顿时令我信心全无。

看着镜子里的自己，我心想，事已至此，豁出去算了。这么一想，心里反而没什么包袱了。于是，我在镜头前来了番"活色生香"的自我介绍，果然，我自然松弛的表现使我顺利通过了试镜，审查主持人这一关轻松过关。

接下来，就是节目的选材、拍摄、剪辑、配音等大量工作，因为大家都是新手，相互之间需要磨合，所以好多简单的东西变得复杂而艰难，我们一遍又一遍地尝试，一遍又一遍地失败……

当时的通讯远没有现在这么发达，不是想查什么，打开电脑、鼠标一点就可以了。我们需要资料就只能通过卫星去录，比如路透社的新闻有全世界供稿，我们就在路透社的新闻里寻找这些时尚资讯。如果路透社的不够，我们可以去录凤凰卫视的节目，凤凰卫视在当时只能在高档酒店才能看到，我们便扛着机器设备去酒店里找素材。这真的是一个特别折磨人的过程：每天一大早就开始拍片，拍完之后差不多就到了晚上七八点钟，吃完盒饭之后又接着看拍回来的带子，连夜再把它剪辑出来。好多个夜晚，我们就趴在编辑机的台子上睡着了，睡醒之后又接着剪。因为机房太过干燥，我们在待了一晚之后，早上集体流鼻血。我们互相看着对方，真有种"甘洒热血做节目"的豪情壮志！

就这样连续工作了几个通宵，终于按照原定的策划案把第一期节目做了出来，然后就是接受台领导的审片。这期节目就像是我们大家的"孩子"，每个人都付出了很多的努力和心血，所以每位成员都希望它能够顺利通过。

可是天不遂人愿，台领导在看完我们的节目后，首先对大家能迅速进入状况、走入电视圈这一点颇为肯定，并且对我们努力和坚持的精神大加赞许，可是同时也指出了节目当中不成熟和出现的很多问题，建议我们重新修改。

　　我们听到这一结果，顿时泄了气，就像一盆冷水从头浇到尾。从审片机房出来，大家一句话都没说，个个心情沉重——原本以为自己已经成长为"电视人"了，可现在却发现自己离这个神圣的字眼还远着呢。

　　这就是理想与现实的距离。失落和疲倦的感觉席卷了大家，陈洁心里更难受，可是作为制片人，作为我们的主心骨，她必须撑下去，于是她强颜欢笑说："今天先回去休息，明天继续工作！"

　　这一天，对我们所有人来说，都如坐云霄飞车一样，从云端跌落到了谷底，但我们明白，刚刚加入电视行业不可能这么顺利，也许以后遇到的挫折更大，所以我们不能轻言放弃。就像我曾经对自己说过的话一样，我要做一个逆风飞翔的小子！因此，第二天一觉醒来后，我们抛却了所有的不快重新投入工作。我们推翻了过去所有的题材，重新选材、拍摄、制作，又昏天黑地地干了十多天……直到审查的当天早上我们才把带子制作完毕。陈洁让大家都回去休息，只留下她和责任编辑审片。

陈洁轻松地安慰大家："这次一定能过，晚上开庆功会！"

　　我们怀着忐忑的心情回家等消息。

　　陈洁果然说到做到，晚上，我们相聚在庆功会上：节目已经通过审查，第二天就可以播出了！听到这个消息，我们都哭了，哭完之后又笑了，在哭哭笑笑中我们都喝醉了。不知道该怎么形容我们的心情，原来这就是奋斗的滋味儿，痛并快乐着。

　　我们这群人从此真正开始了自己的职业电视人生涯。

　　节目播出那天是 1998 年 4 月 18 日，我永远不会忘记这个日子，因为它对于我的意义非比寻常，我一直在默默地蓄力，就是在等待低潮期的过去。从这一天起，幸运女神终于和我来了第一次亲密接触，我的所有努力和付出终于开花结果，开始了人生的新篇章。

　　1998 年，是我事业转折的一年，是我真正成为电视人的一年，也是我清晰地感到自己成长突变的一年，这一年里，我遇到了很多贵人，也让自己成长了很多。经历过才会懂得挫折、失败给我们带来的价值，而这也是我们人生中最为宝贵的一笔财富。

　　《时尚传播》很快就得到了大家的认可，两期节目过后，大街上就有人认识我了——因为我的鼻子太有特色了。这档节目做了一年以后，陈洁有其他的想法，离开了栏目组。

　　我独自支撑了半年多，自己做制作人，自己主持，几乎全部流程都有我的参与，这也是我电视感、画面感成型的一个重要时期。在此之前，我对电视节目的了解非常片面，这次经历让我知道了什么叫采编播一体。

那段时间，我白天在外面拍，晚上回去在机房剪带子，因为当时年轻，所以觉得可以克服一切困难。周一开始准备，每天积累素材，到周五就需要把带子签完字交上去。交上带子之后，他们还会提出意见，一些不合理的地方需要修改，所以周五晚上是最让我抓狂的，因为我不知道带子是不是能通过，如果能通过，当然是最好的；如果不能通过，我就要继续打起精神改片子。周六中午播完之后，我才可以睡一个好觉。幸好当时很年轻，好像总有一股使不完的劲儿。

当时忙中偷闲，我们还为这档节目做了三组很潮的宣传片，主要就是为了宣传《时尚传播》的理念。

第一组宣传片是一滴墨水掉到清水里面，然后就逐渐漫延开来。我们的意图就是时尚传播，就是让时尚一点一点漫延开来，一点一点渗透到观众心中。

第二组宣传片是我和主持人拍了一组很潮的照片，做成杂志的封面，各种被贴，然后杂志掉在地上，路人从我们两个头上踩过去。

第三组宣传片就是片子播着播着变成雪花点，然后就从雪花点里面透露出几个字，时尚传播开始漫延，接着就出现我们台的LOGO。

第二组直接被领导毙掉了，因为觉得不合适。第三组宣传片很能吸引观众的眼球，观众会想，怎么播着播着会出现雪花呢？然后就会记住浮现出来的节目名称。当然，这个宣传片被修改了很多次，直到最后所有人都认为无从下手了，哪儿都不能动了，我们才在电视上播出了这支宣传片。看到电视中慢慢浮现出"时尚传播"四个字，内心的成就感和自豪感爆棚，这就是自己坚持不懈经营的梦想。

曾经，在我低落的时刻，我会劝导自己平平淡淡才是真，成不了大器也一样能在这个世界上混口饭吃。但是我还是竭尽全力奔赴梦想的方向，捍卫它、保护它、努力实现它，我坚信，只要心中有梦，人生必定与众不同。

当时，何老师回到长沙问我要不要一起出去玩儿，我说不去，没有时间，我天天泡在机房里面。他就说让我来一起做《快乐大本营》，我说《快乐大本营》没有我这个火。《快乐大本营》在全国播出，考察的是全国的收视率，和我们的《时尚传播》没有可比性，哪知道后来兜兜转转，我最终加入了"快乐家族"。

一路走来，回首望去，我分不清哪些是成功，哪些是失败，我只知道，我一直在路上，在通往梦想的路上。有人会问我，你现在这么成功，难道还没实现梦想吗？我想说的是，梦想是在变的，是随着经历、时间等而改变的，而我们要做的就是每天给自己一个新的梦想，然后为之锲而不舍地努力，去征服，去实现。

# 相逢在追梦的路上

时间定格在今天，蓦然回首，才发现《快乐大本营》已经陪伴大家走过了十几个春秋，也为我记录下了一段苦涩且快乐的青春时光。

时光如茧，随着时间的增长而逐渐厚重坚实，青春、友谊也在它的保护与见证下，没有被光阴和记忆磨掉棱角。

很多朋友只知道我和何老师是职场搭档，是好朋友，却不知道我们也曾是同校校友。台上的默契，离不开台下多年的相识、相知。

何老师比我早几年毕业，我是1992年考入师大附中的，而何老师也在那一年远走北京。我们还未相识，"何炅"两个字却已经闯进了我的脑海。当时，演讲队的老师总是不经意地对我说："你好像以前演讲队那个谁……好像叫何炅……"

就是这样的机缘巧合，在同一所学校里，我和何老师有着相似的经历——我们都是学校演讲队的一员，也都曾是湖南经济广播电台《青苹果乐园》节目的嘉宾主持。没错，仿佛冥冥中就注定我们在人生中会有错过也会有交集。

人生中很多事都会随着时间的流逝而淡忘，但初遇何老师的情景至今还历历在目。

1994年的夏天，骄阳炙烤着大地，蝉噪得厉害，似乎是雷雨的前兆。但是雷雨没来，何老师却来了。彼时，我站在长沙市河西的5路车站，看到一个帅气的大男孩骑着一辆二八自行车飞一般地向我驶来。他边骑车边向我打招呼，我还没来得及做出回应，何老师就连人带车和地球来了一次亲密接触。

何老师毫无窘色，若无其事地起身，扶起自行车之后，笑着对我说："你就是师弟维嘉吧！"我报之一笑。然后，我们就像是老朋友一样聊了起来。

年少时的友谊最真挚，没有杂质，不受物欲干扰，更没有钩心斗角。有的只是最诚挚的彼此关怀和不计得失的互相帮助。此生能得何老师同行，何其幸也！

盛夏子夜，我们一起坐在五一广场中心岗亭的水泥台上数星星，一起祈愿年少时光永远不要老去。

那时的我们始终相信，老去的是别人，而我们则会永远说自己"正年轻"。但无奈时光不解人意，只知催人老。我们就这样在幻想中、迷失中、痛苦中、快乐中长大了。当年的情景如幻灯片一般翻过脑海，好在彼此之间的那份情谊永远不会翻篇儿。

当年的校友，除何老师之外，还有另外一位朋友，她就是现在被誉为"快乐教母"的龙丹妮。这个名字对于大多数人来说或许很陌生，但提到"超女""快男"大家一定不陌生。没错，这个节目就是由她打造的。她和何老师是同班同学，也是非常要好的朋友。就这样，我们三个人也彼此熟悉了，渐渐成了无话不谈的好朋友。

命运仿佛是一个神奇的钟摆，随时都有可能把我们的人生重新洗牌，我、何老师、丹妮就是如此。兜兜转转，从尘世的相聚到分散，再到相聚，很多朋友会认为我们一路走得顺风顺水，但谁又能知道其中的荆棘载途，谁又能体会到其中的酸甜苦辣呢？个中滋味，只有我们自己懂。不想说得太多，说多了不是故事，反而让人觉得是抱怨，是诉苦。而我，并没有这样的心态。

经历就是一笔财富，走过的路就像挥毫泼墨的画卷——如果你是学生，也许可以画出稚嫩的未来；如果你是员工，也许可以画出晋升的期许；如果你是领导，也许可以画出宏伟的蓝图……我是主持人，我只想用自己的画笔绘出生动有趣的声音，而声音连着我和你。

电视节目是我们三个人努力奋斗的全部，我们总是不经意地谈起能在传媒行业的路上走多久，走多远，但是能与你们相逢在这条路上，肩并肩地走过，我就已经无怨无悔了。

你们，才是我最在意的风景！

# "真情" 路上有我

"人间有真情，人间有真爱"，观众朋友经常在《天天向上》中听到天天兄弟们这样"插播"节目。这句话曾是非常流行的两句话，是湖南经济电视台一档极具影响力的节目——《真情》的宣传语。后来，这个节目经中央四套播出而闻名全国。那时，它已成为湖南卫视的强档节目，很多观众通过它来体味感情世界的微妙感受。而我对它也有一份难以割舍的感情。因为，我曾是这个节目制作班底的一员，曾是一名"真情特派员"。

《真情》节目定位在反映人们不同寻常的情感经历。情感是很隐私的东西，但每个人都会渴望了解别人的内心世界，节目定位符合这样一种收视心理，一开播便吸引了许多观众。

这和现在的正能量有异曲同工之妙，都是讲的内心的一种情感传递，而且都在所处的年代刮起了影响力的风潮。

我妈妈和我便是这档节目的两名热心观众。每当看到两个曾经在感情上遇到挫折的人（比如分手的恋人、离婚的夫妻、失散多年的亲人等）

重新鼓起勇气直面对方，当着这么多观众的面缝合他们感情裂痕的时候，我妈总会抱着一大卷纸巾涕泪交加地说："这节目净赚别人的眼泪！"而我则会为他们的勇气佩服得五体投地——感情是如此隐秘的东西，而他们却有如此大的勇气将感情上的事放置在一档收视率这么高的节目当中与别人一起探讨，而在节目播出之后还要面对那么多观众的议论纷纷。

很多人出于对节目播出之后要承受的压力考虑，最终还是放弃了委托节目来处理自己感情纠葛的念头，即便是委托方愿意出面，另一方面也绝不会答应。因此节目题材的来源陷入了一个困境。编导们自己也开始这样思考："我俩自己的事，和电视台有什么关系呢？"

就在编导们煞费苦心、搜肠刮肚寻找题材的时候，一天，办公室来了一位20多岁的女孩。她开门见山地说出了来意："我想委托你们帮我找到我失去联系的男朋友。"

做了这么多期节目，委托人见过不少，这么直率坦诚的女孩，编导还是第一次遇到。女孩的言语当中透露出她对这份感情的执着，于是大家对她和他的爱情故事产生了浓厚的兴趣，期待着她的诉说。

她叫A，偶然的机会认识了男友小陈，两人迅速坠入爱河。当爱情的激情退去后，很多现实的问题摆在两人面前：小陈是一个独自在长沙打拼的杭州人，在长沙的事业始终走不出低谷，决定回杭州继续努力，三年之后等到事业有成并且有足够的能力善待A的时候，再将A接回杭州完成人生大事。

为了小陈的承诺，A独自在长沙默默地等待了三年。

第一年，两人保持着一定的书信和电话来往。

第二年，A 寄出的信石沉大海，偶尔通电话，两人也是匆匆两句就草草挂断。A 心想小陈肯定是因为工作太忙没太多精力放在爱情上，于是她只能将相思之苦默默地放在心底。她从未怀疑过男友对她的感情，她静静地期待着与男友的重逢。

第三年，事情发生了更大的变化，寄去的信因地址不对而被退回，拨过去的电话得到的回应是该号码的主人已更换。A 再也无法抗拒事实，她从自己构筑的甜美的爱情梦中惊醒过来——这个曾经深爱着她的人已经离去。

听到这儿，编导们看着面容憔悴、泪流满面的 A，心中不是滋味。一方面大家折服于这个对爱执着专一的女孩，另一方面大家又质疑这样一场苦恋的最终命运将会是什么？

也许 A 看出了大家的想法，她轻拭脸上的泪水，对编导说："我不奢求他能重回我身边，我只想知道他现在过得好吗？我只想见他一面！"这也许就是爱的最高境界吧——知道自己深爱的人好好地活着，希望他过得比自己幸福。对于这样一个心地善良的女孩，编导们唯一想做的就是竭尽全力帮助她。

这个题材和以往的都不一样，我们甚至不知道被委托人陈先生人在何处，因此首先要找到陈先生，然后再尽可能说服他来与 A 见上一面。经过深思熟虑，编导们想出了另一套制作方案——在现场制造一个悬念：陈先生究竟来还是没来？

可以说，这套方案在后来在节目上发挥得淋漓尽致，在策划会上马上得到了认可。于是这个外拍的部分就应运而生了一个非常重要的说客角色——真情特派员。

那时我还在湖南经视主持《时尚传播》。《真情》的主持仇晓、汪涵公务在身不能前去外拍，后来经过制片人龙丹妮的推荐，栏目组找到了我。

当时我的荧屏形象非常时尚前卫，让活泼好动的我去做一个感情题材的外景主持，我心里确实有点七上八下，没什么把握。但是，龙丹妮一直鼓励我说："这是一个非常好的机会，可以让更多的观众了解你能胜任不同风格的主持。"而我也确确实实被A的真情感动得一塌糊涂，如果我真能帮得上忙就好了。带着这样的心情，我接下了这个任务。

拍摄是从美丽的西子湖畔开始的，龙丹妮亲自"挎刀"编导这组外景部分。我清楚地记得我的开场白是这么说的："观众朋友，大家好！我是真情特派员维嘉。我现在是在美丽的西子湖畔，不过此时此刻我想很多观众朋友和我一样没有心情去欣赏我身后美丽的风景，因为我们都被A忠贞不渝的感情所深深打动。同时，我们更关心她失去联络的男友现在是否能找到，所以现在就让我们根据 A 提供的线索开始我们的真情行动吧！"

拍摄一开始很顺利，但是拍摄的顺利并不代表寻找过程的顺利，恰好相反，寻找小陈的过程是山重水复、一波三折：

A 提供给我们的唯一线索是她原来寄信的地址。我们就想到这个地址去问，也许新搬来的人会知道原来的房主搬去了哪里。但当我们找到这里时，发现这个地方全部拆迁了！

龙丹妮和我一下子蒙了，不知道该怎么办。正在我们踌躇的时候，摄像老师提醒我们："我们不是知道她男朋友的真实姓名吗？也许通过 114 查询，能查到他现在的住宅电话。"

对啊！龙丹妮和我恍然大悟。抱着这一线希望，我们拨通了 114 查号台，当我们说出了名字和他原来居住的详细地址之后，电话那端报出了一串数字。

"得来全不费功夫！"我们欣喜若狂，但是，与此同时我们又有了新的担心：如果我们打电话找到了小陈，说明我们的来意，万一他要拒绝了我们，不肯和我们见面怎么办？

为了确保能顺利地见到小陈和他当面详谈，我们编了一个善意的谎言。由我告诉小陈：我们从长沙来杭州出差，他以前在长沙的同事托我们带些东西给他。

很少说谎的我为了节目，对着摄像机面带微笑地把这段谎话说得天衣无缝。小陈在电话那头深信不疑，我们约好了下午 5 点半在酒店的大堂见面。因为素未谋面，我们互相交代了一下外貌特征：他会穿一套灰色的西服出现，而我会穿一件羽绒服在大堂门口等他。

放下电话，我们就紧锣密鼓地做准备：安排拍摄机位，设想小陈见到我们的种种反应……

5点半左右，最让人期待的人如约出现在我们眼前，摄像师和我马上迎了上去。我举着话筒问："你是陈某某吗？"他说："是啊，你们是哪儿的，别拍，先不要拍！"显然，我们的举动让他有些不知所措，他出于防备心理拦住了我们的镜头。我们没有停止拍摄，继续追问："是我们约你来的！我们是湖南经济电视台《真情》栏目，要向你打听一个人，她的名字叫A，你认识吗？"

我清楚地看见听到A的名字时小陈表情上非常微妙的变化，他的态度变得和蔼了一些，没有再刻意地躲避镜头。

"认识，怎么啦？"

"几年前认识的？"我接着问。

"三四年前吧！"

"当时你们俩是什么关系？"我有点咄咄逼人。

"朋友。"

"是普通朋友吗？"

"不，男女朋友！"

"那就是恋人了！"

"是！"

"现在，你还认为她是你的女朋友吗？"

"我已经结婚了!"

"什么,你结婚了!"

"是的!"他又肯定了一遍。

当时,我一下子就蒙了。我们设想了小陈的若干种回答,但完全没有料到他这么快就已经走出了他和 A 的那段恋情,而且已经成家了。当时,摄像老师把这一段如实地记录下来,镜头上的我完全不知所措,思路全部被打乱了。

这时候,我强装镇定地对小陈说:"我们坐下来谈谈好吗?"

于是,我们在大堂的咖啡吧里坐下。我把整个事情完完整整、详详细细地告诉了摸不着头脑的小陈,当我们把 A 托我们转交的信交给小陈时,我清楚地看见小陈拿信的手在颤抖,我更清楚地看到小陈眼角闪烁的泪光。我想,对于小陈来讲,手里握着的不仅仅是一封简简单单的信,它是一对恋人曾经共有的一份承诺,它是 A 对小陈 3 年多的思念,更是对小陈这个爱情逃兵的无情谴责。可是事已如此,我们也不必再去责怪小陈的不负责任和移情别恋,因为小陈可能也有他的苦衷。何况,A 早有心理准备,她只希望小陈能过得很好,至于小陈能否回到她的身边已经不那么重要。所以,我劝小陈鼓起勇气跟我们回长沙去见 A 一面,表达他的歉意并取得她的原谅,这样双方都可以开始崭新的生活。

一开始,小陈坚决不答应。他认为过去的事情根本不值一提,并且不想因此而扰乱现在的生活。于是,龙丹妮和我对他进行轮番"轰炸"。终于,他改变了想法,答应如果他妻子同意的话,他愿意和我们一起回长沙见 A。

事情最后的结局是,小陈未能和 A 在节目现场见面。我们也深谙并且理解小陈不去见 A 的理由，但当 A 从镜头上看到小陈对她表达歉意并答应她有时间一定会回来跟她亲自解释的时候，她哭了。她终于明白已经到该放弃这段感情的时候，并表示了她对小陈和他妻子的祝福以及她要开始新生活的信心。这样的结局使我们《真情》栏目所有的编导平添了一份安心。

从这以后，我又多次客串了"真情特派员"的角色。而每次我总会怀着一种矛盾的心态：明明知道我们的出现会触碰别人心灵的伤疤，可是我们纵有一千个不愿意、不忍心也必须让当事人重拾过去伤心的回忆，因为只有这样我们才有机会帮助到他们。很多时候，我们遭人白眼、不被理解、受人冷遇，心想："我们这是招谁惹谁了？"有时候，真想就这样放弃算了。可是冷静想想，如果我们都失去希望，那么当事人怎么会有面对面、心贴心交流的机会呢？

有一次我在飞机上看到徐志摩的书，突然想到如果那时候有《真情》，林徽因会不会登上我们的节目？会不会在节目上潸然泪下地读诗：


别丢掉

这一把过往的热情

现在流水似的

轻轻

在幽冷的山泉底

在黑夜，在松林

叹息似的渺茫

你仍要保持着那真

一样是明月

一样是隔山灯火

满天的星，只有人不见

梦似的挂起


你向黑夜要回

那一句话——你仍得相信

山谷中留着

有那回音

## 一路走来，让奋斗去铭记

大学毕业之后，有段时间我比较迷茫，不知道下一步该如何走，下一段时间该如何做。

就在我快要无法忍受的时候，有一天，我突然接到何炅的电话："维嘉，现在有一个节目，你想不想来主持？"这个节目就是《快乐大本营》的姐妹篇——《快乐新战线》。

《快乐新战线》这档节目是何老师提出的想法。那时候，还没有两个男主持人主持的节目，这是一个创新，也注定节目的发展前景广阔。

第二天下午，我便接到了《快乐大本营》导演汪炳文的电话。晚上，我们在一家安静的中餐厅见了面。和汪导一同来的还有《快乐大本营》的制作主任贾婷，这还是我第一次如此近距离地和领导共进晚餐，但我一点都没有感觉到他们有领导架子。汪导和贾导非常随和、真诚，他们热情地邀请我加盟《快乐新战线》，并承诺会尽量满足我的要求。参加工作以来，我还没有这样被领导看重过，心里非常激动。

走出餐厅时，外面正下着瓢泼大雨，但我的心情和此时的天气刚好相反，一扫往日的阴霾，充满了希望。汪导和贾导把我送到家门口才离去，领导的关怀让我心里感到特别温暖，两位领导在我心里也留下了良好的印象。

很快，事情便有了实质性的进展。两天后，何炅打电话跟我说，他已经决定为我接下这个节目，他说："如果我们俩能联手主持这个节目，我们就可以成为搭档！"听到这话，我又激动又感动。一直以来，和何炅一起主持节目就是我的心愿，现在，我不仅又可以主持一档自己喜欢同时又适合自己的节目，而且还可以和何炅一起主持，这让我非常开心，我知道我的春天已经来到了。

接下来的日子，我一扫往日的郁闷，开始狂热地投入到工作中：策划节目、录制样带……我忙得不亦乐乎。作为《快乐大本营》的姊妹篇，我们竭力向观众传递出快乐的能量。

《快乐新战线》和《快乐大本营》的总制片人是同一个人，但是《快乐新战线》的主角不再是明星，而是普通观众，它的定位是要给普通观众一个在电视上充分展示才艺的机会。它的出现顺应了广大观众对综艺节目求新、求变、求发展、上档次的要求，主题曲就叫《美梦成真》，其寓意就是为那些有表演梦想的人圆梦。

这档节目每期时长一个小时，有两个主要环节："'李'应外'何'群星会", 是展示和推介新人新作的; "星星点灯"则是一个融知识性、趣味性、互动性于一体的抢答环节。

这个节目有点像各行各业的大杂烩。比如一个火车上的服务员会唱歌, 那么他就来表演唱歌; 一个航空公司的空姐模特步走得好, 她就来走台步……说通俗一点, 这档节目就是最早的行业比拼。其实这样的节目很好看, 因为它偏重于素人, 把一个没有丝毫名气但有才艺的草根挖掘成一个明星, 其实这就是最早的"超女""快男"。

而在主持方面, 我从何炅身上学到了很多东西, 和他之间那种超乎寻常的默契让我感到非常快乐, 我们"李应外何"为节目增加了许多色彩: 首次以组合的形式出现在舞台上, 量身打造的主持形象; 首次使用"耳麦"主持, 平民化的主持风格, 自然随意的表达, 不定时地与观众互动。一个"冷面笑匠"一个"热情小子"的主持形象, 唇枪舌剑、互相调侃, 让这个节目异彩纷呈, 煞是好看。我在这个节目里也使出了浑身解数: 走时装秀、唱戏、设计服装、当发型师、唱歌跳舞演小品……如果真要举办一个主持人全能大赛的话, 估计冠军非我莫属。

节目取得了巨大成功! 关于这档节目的一切都成了路人议论的话题, 我感到了前所未有的成就感。从那开始, 我成为了《快乐新战线》的主持人, 也成为了"快乐"的一分子。我和何老师对这个节目寄予了很大的希望, 我们非常认真地在做这个节目, 每一个细节都力求完美, 希望通过我们的努力付出让这个节目大放异彩。

但这个节目却过早地夭折了。

因为这个节目也是《快乐大本营》的原班人马在做, 很多时候忙不过来。而且大家经验不足，不知道应该使它往哪个方向发展，没有想清楚这个节目的模式到底应该是什么。因为本来就是姊妹篇，所以这个节目最终和《快乐大本营》合并到了一起，我也就顺理成章加入了《快乐大本营》负责外景主持。可以毫不夸张地说，这是让我改变的第一档节目。

时至今日，这个节目还是我与何老师的遗憾，不仅是因为它是我们的心血，更是因为这个节目本身就很精彩。我们经常聊天说这个节目有做头、有看点……这个节目虽然消失了，但它却开创了一个新河，创造了电视史上很多第一个：第一个比拼才艺的节目，第一个"草根舞台"，第一个由两位男主持人搭档主持的节目，第一个用耳麦主持的节目……所以，虽然《快乐新战线》这个节目早已消失在电视舞台上，但庆幸的是，我们为之努力过，付出过，并从中得到了很多。其实，我们在追求梦想的路上，就已经发现了梦想的魅力所在了，何必还要过于执拗地去实现梦想呢？

我很庆幸，我得到了内心的快乐和满足。更庆幸的是有何炅这样的朋友，有汪导和贾导这样的领导，以及马昊、宋点、易骅、龙梅、陈晓……感谢大家在梦想的路上并肩同行，也感谢你们让我快速地茁壮成长，我希望我一路走来的拼搏努力能够得到身边的朋友和荧幕前你们的认可。

# 感谢

## 生命中的逆风而行

# Chapter...02

# 一只怕水的鱼

可不可以不想你，我需要振作一下，七八九月的天气，像我和你需要下一场雨，需要你，我是一只鱼，水里的空气，是你小心眼和坏脾气，没有你，像离开水的鱼，快要活不下去，不能在一起，游来游去……

这些年，歌曲的载体一直在变，但不管是磁带、CD还是电脑、手机，《我是一只鱼》这首歌始终留在我的世界里，尤其是侯湘婷那个版本。每当我哼唱起这首歌，它欢快的曲调、简单的歌词总能给我一种酷热的夏天泡在水里的感觉，异常的清爽。

有时候，我觉得自己就像一只鱼，那种水滑过肌肤、自由自在地游来游去的感觉让我感到非常惬意。现在，我最喜欢和最擅长的运动就是游泳，但是你一定想象不出我第一次下水时心情是多么忐忑、样子是多么狼狈。而这一切全都来源于恐惧，这不由得让我想起一个在书中看到的故事：

有一个心理学家做了一个实验，他很想知道恐惧到底对一个人造成多大的影响，为此，他随机挑选了十名学生。

第一次，他让十个人穿过了一间黑暗的房子，房子里漆黑无比，没有任何光亮，在心理学家的引导下，所有人都顺利通过了。

第二次，心理学家打开了一盏灯，昏黄的灯光下，所有人都看到了房子内的环境，他们刚才走过的是一座小小的木桥，木桥下面是一个大水池，水池里面有十几条张着血盆大口的鳄鱼。大家瞬间冷汗直流，好像自己刚才和死神擦肩而过了一样。

心理学家看着表情各异的众人说："现在，你们还有谁可以走回去吗？"心理学家话音刚落，所有人鸦雀无声。过了很久，有两个胆大的学生站了起来。

第一个蹑手蹑脚地走了过去，速度非常慢，走到一半时，两腿发软，只好趴在桥上挪动，一点一点爬了过去；第二个走了两步就趴下了，接着就再也不敢往前挪动半步了。

接着，心理学家又打开了剩下的九盏灯，这时，整个房间亮如白昼。众人可以清晰得看到小桥下面还有一张安全网，因为网的颜色近似于透明，而且网线很细，所以之前打开一盏灯的时候，他们没有看到。

心理学家又问众人："现在有谁愿意通过这座小桥吗？"这时又有六个人站了出来。

心理学家问最后那两个无动于衷的学生："你们为什么不愿意呢？"

剩下的两个学生反问道："这张网牢固吗？"

这个实验让我了解了恐惧的来源，其实恐惧的来源是我们的内心，来自我们对自己没有信心，对自己缺乏安全感。怕水的我当时也是如此，缺乏对自己的信心，未战先怯，还没有开始就已经注定失败了。而这几乎与我当年的情境如出一辙。

那时，我大概只有七八岁，学校新建了一个泳池，这让我和同学们兴奋不已。恰巧那段时间，电视里正在播一部科幻片《从大西洋底来的人》，我和同学们都很喜欢看这部科幻片，并希望自己能像两栖人麦克那样在水里自由来去、威力无穷。于是，我盼啊盼啊终于盼到了夏天。这一天，体育课的内容就是游泳，同学们个个兴奋地跃跃欲试。可是，天公不作美，那天，天气突然转凉，刮起了大风，我站在泳池边，看着被大风刮得动荡不安的池水，开始不安起来。接着双腿开始发抖，那种迫切想要下水的感觉荡然无存，随之而来的是恐惧，深深的恐惧。

这时，体育老师的哨声响起来了，他大声喊着："下水！"接着，就听见稀稀拉拉几声"扑通……扑通……扑通……"，有人下水了。我站着没动，斜着眼睛偷偷看看其他同学，大部分还站在岸边观望，我暗自庆幸："看来，不止我一个人害怕。"

老师看大家不肯下水，开始一个一个点名让他们马上下水。渐渐地，不肯下水的同学在老师的要求和带领下一个个下水了，岸上的同学越来越少，我心里的恐惧却越来越大："万一我被淹死怎么办？万一我被呛住怎么办？万一我抽筋了怎么办？"我越想越害怕，恨不得马上逃开这里。

"李维嘉，下水！"就在这时，老师喊出了我的名字。我猛地打了个激灵，向后退了好几步。

"没关系，维嘉同学，水位很浅，你看，好多同学都下水了。"老师走到我身边温和地说。可是老师的心理辅导不但没起作用，反而使我内心的恐惧又增加了几分，眼前的池水对我来说仿佛是洪水猛兽。

"我可不可以不游，我肚子痛！"我开始临阵退缩。

"胆子小还撒谎，可不是好同学！"老师一下就看穿了我的伎俩。

"老师，我真的不敢……真的不敢游。"撒谎没用，我开始哀求，只想老师大发慈悲让我逃过此劫。

可老师一点情面都不讲，一把拉住我的手拖向池边。我开始大喊大叫："老师，我不游，我不游……"

老师没理会我的"鬼哭狼嚎"，仍然把我往池边拖去，眼看着就要拖下水，这时，我一把抓住了水梯："老师，求你放了我吧！我不下水！我不下水……"

我的声音已经近乎声嘶力竭，同学们惊讶地看着我，我想他们内心的潜台词一定是："他的爆发力好惊人啊！"

但即使这样，老师依然没有放弃，他二话不说，用力掰开了我抓着水梯的手，一把抱起我，"扑通"一声把我扔进了泳池，接着，他也跳进了泳池。我开始挣扎："完了，完了，我要死了……"但我突然发现，我的脚触到了池底，而池水在我的肩头浮动……我愣了，老师笑眯眯地望着我："怎么样，没危险吧！"

我抹了一把脸上的水花，看见同学们都乐呵呵地望着我，再看看刚刚被我死死拽着的梯子，想想刚才鬼哭狼嚎的样子，恨不得马上找个地缝钻进去。

这就是我第一次下水游泳的经历，很"囧"。但是，这么"囧"的我现在却能在泳池中自由驰骋。每当朋友们夸我游泳游得好时，我都会告诉他们："曾经我是一只怕水的鱼……"之所以现在成了一只爱水的鱼，要感谢当初把我扔进泳池的那位老师，他让我知道了可怕的不是"水"，而是"心中的恐惧"。

# 求人不如求己

　　凡事加上一个"求"字就会感觉是特别痛苦的一件事，求人不如求己，但是很多事情还是要不得不去求的，比如学习这件事。

　　求学，是每一个人人生路上遇到的第一次挑战，它比学会走路要困难，比求职找工作要单纯。我也是众多求学大军中的一员，而且这段经历也比很多人经历得要曲折坎坷一些，但也是一部值得和大家分享的"奋斗史"。而这段经历也让我理解到了"求人不如求己"这六个字弥足珍贵。

　　求人不如求己，这六个字也正是我渡过难关所坚持的最大准则。这段曲折的奋斗史让我成熟了很多。我的这段"奋斗史"之所以说"曲折"，是因为一段普通初中时光，我却读了四年，换了三所学校。

　　小学毕业时，我的梦想是考上湖南师大附中，因为这个学校是我们当地的重点中学，是许多学生理想中的学校，我当然也希望能成为它的一分子。但是，即便我很努力，成绩也还算不错，却仍然与湖南师大附中擦肩而过。因此，我带着遗憾的心情进入了另一所中学——长沙市第二十中学。在这里，我度过了初一的时光，也迎来了青春期的第一次发芽。

初一结束时，父母决定给我换一所学校。原来，对我没能考上师大附中，父母和我一样遗憾。纵然不能上师大附中，他们也希望我能到更好一点的学校去学习。我还记得在那个暑假里，父亲不是在家里不停地打电话，就是出去托关系找朋友，总之是四处奔走，想尽了一切办法，终于为我联系到了一所学校——湖大子弟中学。

于是，我又开始进入湖大子弟中学读初二。父母原本以为在这里我的学习成绩能"更上一层楼"，但出乎他们和我的意料，我的学习成绩非但没有提高，反而一落千丈。这让父母对我非常失望，我自己心里也非常难过。我知道父母为我找学校很不容易，也知道他们对我的期望，但这个年龄的我有些贪玩，自觉性也有些差，根本管不住自己，我总是在上课的时候走神，也总是偷偷地跑出去和同学玩，再加上湖大子弟中学离家很远，每天在路上就要耽搁很多时间，时间一长，我的学习成绩就不升反降了。

我的心情非常糟糕，父母的心情就不用说了。虽然他们并没有打骂我，连过多的指责都没有，但这让我更内疚。

关键时刻又是父亲当机立断，他决定再次为我转学，让我到厂矿子弟中学就读，而且要重修一年初二，也就是说要"留级"。

"凭什么让我留级，我的学习成绩还没差到这个地步吧，为什么要我白白浪费一年时间？"我非常抵触这个决定，不愿意去。

父亲开始给我讲道理："磨刀不误砍柴工，把基础打好了，将来才能考上更好的学校。"

父亲的话对我起了作用，我知道父亲这样做都是为了我好，于是最终听从了他的决定，进入厂矿子弟中学再读初二。虽然自己觉得"留级"很没面子，但是好在换了一个新学校，好多人都不认识我，他们并不知道我是"留级生"，因此，我并没有为这个问题困扰。

到了厂矿子弟中学，我知道这一次决不能再让父母失望了。于是，我开始更加努力学习，因为有了好的学习态度，再加上初二的内容学过一遍，我的成绩在全年级名列前茅，而且，这样的好成绩一直保持到初三期末、中考前夕。

这一天，我的班主任杨陆凤老师把我叫到她的办公室，对我说："湖南师大附中给了我们学校一个保送的名额，根据各门成绩评定，你被列为保送推荐生之列，而且机会最大！"

"什么？我要被保送？而且还是师大附中？"我兴奋地差点跳起来，四年前就梦寐以求想上的学校，今天竟然送到我面前来了。回到家里，我迫不及待地把这个好消息告诉给父母，他们也是兴奋得一夜都睡不着。我心里非常激动，非常感谢父亲，如果不是他的正确决定和先见之明，我这把"柴"不会砍得这么轻松。

第二天，我到师大附中参加保送生的面试，兴许是好心情带给了我自信，面试轻松过关。当老师告诉我："回家等好消息吧！"我毫无疑问地相信——师大附中已唾手可得。

　　接下来的几天，我天天都像活在美梦里，父母也终于露出了灿烂的笑容，我感到自己特别骄傲和幸福，在这种心情中等待着美梦成真的时刻。

　　谁知道没过几天，我发现家里气氛不对，父母脸上的笑容没了，变得忧愁起来，还时不时背着我窃窃私语、唉声叹气。在我的一再追问下，父母说了实话——我被取消保送资格，这是班主任老师告诉他们的。

　　这简直是晴天霹雳！我无法相信："为什么啊？"我不停地问父母。

　　父亲沉重地说："唉，你年纪还小，还不懂人情世故，总之，你的保送资格被取消了，给了别人了。"

　　诚如父亲所说，那时的我还不懂人情世故，但什么叫沉重的打击，什么叫人生的低谷，那一刻我却感觉到了，我觉得四周漆黑一片，我的希望没了，骄傲和自信也没了，我变得闷闷不乐、郁郁寡欢，每天浑浑噩噩的，行尸走肉搬地走到了中考的边缘。我知道，如果以这样的状态去参加中考，结果一定是非常悲惨的。

　　一天晚上，我复习完功课，走出自己的房间，听到父母在房间说话：

　　"离中考只有一个月了，维嘉这样的状态恐怕不行！"

　　"那有什么办法，保送的事对他打击太大了，我也不忍心再责怪他。"

"算了，随他去吧！别再给他压力，能考什么样就什么样吧！反正他也尽力了！"

……

我鼻子一酸，眼泪掉了下来，父母就是这样，总是给我最大的理解，此刻，我的体会更加深刻。我心里问自己："父母能这样理解我、支持我、关心我，我又怎么能让他们失望？"

我又想起了那六个字：求人不如求己！从此，我郁郁寡欢的心情没了，考学的劲头再次在心中升起，我白天晚上疯狂地学习，把自己逼得苦不堪言。偏偏这个时候，老天爷也要来考验我一把——我染上了皮炎！身上好几处地方奇痒无比，有时根本无法继续复习下去。但我没告诉父母，我不想再让他们为我担心，我要用事实向他们证明：我长大了，很多事情我可以承受，很多事情我也可以做到。就这样，我日以继夜地在学习和皮炎中苦战了一个月。

苍天不负有心人，最终我做到了。当我拿到师大附中入学通知单的时候，爸爸把我紧紧地搂在了怀里，那一刻，我特想痛快地哭出声来。可是，我最怕在父母面前释放情感了，于是我把眼泪憋了回去。但当我挣脱父亲臂弯的时候，我分明看见了他眼角的泪水……

这是喜悦的泪水吧，人生中不怕有泪水的光顾，但是我希望常光顾的是喜悦的泪水，而不是懊悔的泪水、遗憾的泪水。行百里者半于九十，我的人生走到现在，漫长不见尽头，但是却充满了喜悦的泪水，也算是为未完成的期待画上一个不算完美的句号。

人生路上，魑魅魍魉、坎坷歧路不计其数，这时我们需要的是身体力行去做，而不是找各种理由来搪塞。岂能尽如人意，但求无愧我心，身体力行去做，就算最终没有做成，也无憾了。

人世苍茫，亦真亦幻。不管是面对人生旅途中的哪一个阶段，我们都要守住心，守住人。尽可能依靠自己来完成人生舞台的每一次演出，你要时刻记得，当困难来临的时候，闪光灯就在你头顶上亮着。

# "披荆斩棘" 备战高考

在现实生活中，人们往往只看到成功的辉煌，却看不到辉煌背后的艰辛。但凡经历过高考的孩子都有过一段"披荆斩棘"的岁月，有些人甚至调侃，没有经历过高考，人生都是不完整的。

和大部分艺术生一样，我的文化课成绩不是很好，尤其是数学，几乎没怎么及格过，听数学课就像听天书，糟糕透顶。而艺术院校的录取方式都是专业成绩和文化成绩相结合的，要是文化成绩过不了，专业成绩考得再好也没用。因此，父母急得就像热锅上的蚂蚁，还专门给我请了一位数学辅导老师。

相比之下，我本人反而平静多了。根据自己的分析，我文化课成绩差，主要是因为时间和精力都用在了专业课上。只要我能拿出中考时的那股劲儿，我相信，文化课一样能拿下！我把电台节目、社会活动统统推掉。我一定要考进正规的广播电视院校！在这决定我命运的重要阶段，我必须心无旁骛，全力以赴。

那段时间，除了吃饭、睡觉，我的生活就剩下学习，熬夜熬到凌晨两三点是常有的事。妈妈心疼我，想劝我睡觉，又怕打扰我，就静静地给我准备夜宵，陪我到深夜。我担心她的身体，就叫她先睡。她会说"那你也早点休息"，然后就回房了。但只要我这儿稍有风吹草动，她立刻就出来，也不走进来，只是轻轻地在走道里探一探。确定我没事，她又默默地回房去。

有一回，我咬着笔头琢磨琢磨着，一不留神发现，啊，天亮了！我听见爸爸妈妈房里有动静，想着是他们起床了，连忙上床盖上被子，假装还在睡觉。不然，他们肯定又要心疼了。结果那天一闭眼就睡过头了……

苍天不负有心人，我一路"披荆斩棘"，总算攻克了文化课。

这么多年过去了，想起那段起早贪黑的备考岁月，我心里依然有种酸酸的感觉。不是委屈，而是感恩。父母的支持与陪伴是我前进路上最温暖的力量，在每一个人生的关键时刻，让我觉得自己不是在孤军奋战，让我能够勇敢地朝着目标奔跑。就算遇到挫折，就算有些郁闷，我也能够及时调整状态，重新端正态度。

有句话叫：不疯魔，不成器。不疯狂追求自己梦想的人，是很难获得成功的。

还有一句话叫：态度决定一切。态度，英文是"attitude"，有人曾对这个单词进行另类解释：假设a是1，b是2，c是3……如是标示，最后将数字相加，正好是100，满分！

每一次拼搏、跌倒、爬起，我都更加感谢家人的支持，更加明白如何保持积极乐观的态度，也更加"疯魔"地去追求自己的梦想。

# 和死神擦肩而过

　　大二那年，我曾和死神擦肩而过。

　　对于死亡，年轻的我们或多或少都有自己的理解和觉悟，但也都只是停留在"思考"和"探讨"上。虽然每天都有人离去，虽然终有一天我们也会离去，但当时的我们正当青春年华，总觉得死亡还很遥远，远得仿佛与自己无关。直到那天，死神真真切切地来叩门……

　　度过了一个漫长的暑假，我回到了校园。一路舟车劳顿，我拖着沉重的行李走进宿舍。当时已经有些感冒了，我本想先休息一下的，但一看到两个月没有睡过的床落满灰尘，我觉得还是先打扫一下吧，顺便把行李收拾收拾。于是，我马不停蹄地忙碌起来，又热又累，大汗淋漓。

　　收拾完，仗着自己年轻，我直接去冲了个冷水澡，瞬间觉得好舒服啊。然而，大约半个小时后，我发现不对劲儿了——全身发烫，浑身无力，不停地咳嗽。

　　感冒加重了吧？我这样想着，吃了些感冒药就躺下了，连晚饭都没吃。结果，剧烈的咳嗽折腾得我无法入睡。我翻来覆去，只觉得整个世界都在晃动，都在变重。

"咔嚓"一声，我听到门开了，是同班同学来我们宿舍聚会。他们买了啤酒，拿了从家乡带来的土特产，围坐在一起，开心地聊着假期中的见闻。他们问我："怎么样？有没有舒服点？要不要吃点其他药？"我一直坚持说："没事，没事，你们玩吧，别扫了兴。"

大家和我一样，都觉得只是普通的感冒罢了，休息休息就好，因而也没有太在意。渐渐地，我感觉视线开始变得糊模，呼吸开始变得困难，双手开始发麻……那种感觉，就像陷在梦魇中难以自拔。糟了！我心里有预感，病情比想象的要严重。迷迷糊糊中，我仿佛看到自己的十个手指都变成了紫红色！

我突然惊醒了，冲破梦魇的束缚一般，使出浑身的力气叫了声："班长！"

然后我看到微醺的班长拿着啤酒，蹒跚地冲我走来，抱住我问："怎么样？好点没？要不要喝点酒？"

"我……我好像……好像撑不住了……"

我不知道这话是在自己心里说的，还是真的说出口了，总之脑子里"嗡嗡"地响，好像身边突然冒出好多人，吵吵嚷嚷的……再后来，声音越来越远，世界越来越安静。蓦地，我感到无比恐惧，仿佛自己正在被一个巨大的黑洞吸进去……我努力想要抓住一丝声音，但只是徒劳……

当我再次睁开眼睛时，首先映入眼帘的是一堵白墙。我侧过脸，看到同学们正围坐在另一张病床上打牌。一切都恢复了正常，呼吸顺畅了，视线清晰了，手指也不是紫红色的。

"班长。"

大家听到我的声音,立刻扔下手里的牌,蹿到我身边,七嘴八舌地问:"维嘉,你怎么样?好点了吗?"

"好多了!"我笑着说。

"哎呀!维嘉,你可把我们吓坏了。你怎么就昏过去了呢!我们把你背到这里,又是插氧气,又是吊盐水什么的,都担心死了。医生都说了,你的情况很危急。"班长还是一脸紧张的表情。

"是吗?"我当然不记得当时到底发生了什么。

"好像是呼吸道的毛病,可能是突发性哮喘吧!医生说明天让你做个全面检查。"

"哦。"我突然有点不安,怎么会得这种病呢?

班长看出了我的担忧,连忙安慰道:"可能是感冒引起的,不要紧的!"

当时是凌晨三点左右,医生询问了情况,又给我做了检查,然后说:"情况已经稳定了,可以回学校了,记得明天来做个全面检查。"

同学们扶着我走出了急诊室。外面很凉爽,我却突然感慨万千:活着是如此的真实,短短几个小时,就和死神来了一次亲密接触,所幸,只是擦肩而过。

按照医生的嘱咐,我进行了全面检查,原来自己只是得了一种花粉过敏症,过敏症状消失后,病也就好了。不过,从那以后,我更加爱惜身体,不再仗着年轻"折腾"身体了。因为，健康是人最重要的资本。纵然你有一万种功能，你可以征服世界，没有健康，也只能是空谈。

岁月无痕，悄然流转。但那个夜晚带给我的恐怖感，却永远地印在了我的记忆中。很多事情就是这样，本以为能够风轻云淡、坦然面对，但真正遇到了才知道，自己还做不到……值得庆幸的是，我们还有家人，还有朋友、同学，在关心着我们，陪伴着我们。

不管世界有多大，也不管你们在哪里，只要有需要，我，一定会出现在你们身边！

# 迷茫过后的光芒

跌跌撞撞、浮浮沉沉，人的一生不可能没有低谷。花儿有谢才有开，人生有落才有起。而我在大学毕业后陷入了人生第二次低潮——第一次便是中考前那段时间。

走出大学校门，我迷惘地看着校外的世界，很多同学如愿以偿地拿着 offer 奔赴工作岗位，而我却还在寻寻觅觅。"我的前途在哪里？"每每想到看不见的未来，我不禁扪心自问。

在入学之前，我有种特别的优越感——我是以湖南省专业第一的成绩考入了浙广，而且我之前就是湖南经济广播电台的主持人。那时大家都说主持人、播音员这个专业很热门，何况我又是个男生，一定不愁找工作。可是事与愿违，实习的几家电视台都没有适合我的节目。带着这份怅然的心情，我回到了长沙。我整天把自己关在家中，不愿意和父母交流，不愿意和朋友见面，每次他们提到工作的话题，我就闷声不响地回到自己的房间——就像当初被取消保送资格时一般。

当时父母和朋友经常会劝导我，谁也不是总倒霉，谁也不是总那么得意，谁的头上都会有太阳，阳光对每个人都是公平的，生活对每个人都是公平的。

可我当时还是太年轻，每天无所事事、庸庸碌碌的感觉让我变得非常敏感，总是会有莫名的空虚感和烦躁感袭来，有时还会无缘无故地向父母发脾气。但是父母每一次都用微笑和鼓励包容我、原谅我。事后想到父母的关爱，我非常懊悔自己的举动。逆境之时方显家人珍贵，父母的爱如大海一般，包容了涓涓细流，也包容了惊涛骇浪。

沉下心来，我开始和自己聊天，给自己讲道理。我不知道自己能不能做一名优秀的主持人，但是我现在至少有能力成为一个好儿子。牡蛎的痛苦凝成珍珠，人们经历了一次又一次的挫折之后，自然会形成不屈的毅力、无畏的勇气和坚韧的性格。一个优秀的人不应该在逆境的时候一蹶不振，而是应该直面自我，勇于面对。我不能再沉沦下去，我要积极主动地寻找机会。

于是，我找到了曾经让我与主持人结缘的湖南经济广播电台，希望他们能让我主持一档节目。事情正如我所期盼的那样，我成为了一名电台的主持人。但是，我对此并不满足。因为在进大学之前，我已经是该台的一名客座主持，而大学毕业了，我还是这里的主持人，这并不是进步，只是在原地踏步。但是，就算是原地踏步，我也不能停下脚步，至少，我要永远保持准备起步奔跑的姿势。

我十分认真地对待电台的工作，采稿、主持、和各个部门的同事协调沟通，每一个环节我都力图做到尽善尽美。湖南经广是我的伯乐，我要珍惜在这里主持的机会，在平凡种坚守，在平淡中追求卓越。果然，在电台待了一两个月之后，机

　　会来了。我的好友龙丹妮给我打电话："维嘉，最近干什么呢？怎么这么长时间没跟我们联络？"

　　确实，我已经很久没和朋友们联系了，并不是不想念他们，只是我不好意思告诉他们我没找着工作，怕出现那种无言以对的尴尬场面。于是，我告诉丹妮最近有些私事，并表达了自己的歉意。在电话结束的时候，丹妮说："我正在筹备《幸运九七》百期特别节目，节目组人手非常紧张，你愿意来我们这儿帮忙吗？"

　　我当然愿意，这个时候，只要是相关的工作，不管做什么，我都毫不犹豫地同意。

　　进了特别节目剧组之后，我才知道我这份工作与真正的电视节目制作还是有一定的距离，我负责的工作主要是联络接待各位明星艺员。但我丝毫没有大材小用的感觉，相反，因为这份特别的工作，我见到了很多明星，而且还能照顾他们在长沙的饮食起居，这些经历让我结识了很多朋友，感到非常快乐。可能是学过播音的原因，我在待人接物方面给明星们留下了非常好的印象，一些明星和节目组表示我做得很不错。人生每一个阶段的经历都有独特的价值，在平凡的岗位上，在从容的步履间，也能领略人生之乐，体味出平凡独特的心境。

那台晚会我们请了十几位明星加盟，那段日子，接待组的弟兄们频繁往返于机场和酒店之间，不敢有任何疏忽，而我除了接待好他们之外，有空还会充当他们的向导，向他们介绍长沙的名胜古迹，陪他们购物休闲，因此他们也非常感谢我。歌手戴娆离开长沙的时候还送了份礼物给我，这让我激动了好几天。我激动并不是因为明星送给我礼物，而是觉得自己的工作得到了肯定。当然，我和戴娆也从此成了很好的朋友。

晚会录制结束后，明星们相继离开长沙，我记得当天我分别送了4趟飞机，回到家中特别疲惫，倒头就睡。第二天，《幸运九七》栏目组召开总结会议，会议上，制片人龙丹妮特别点名表扬了我。于是，我顺理成章地以剧务的身份留在了这个栏目组。

于是，我手中便有了两份工作：在电台话筒前，我是一个热情洋溢的主持人；在剧组里，我是一个任劳任怨、见事就干的小剧务。不管是哪一份工作，我都尽心尽力去做好。站在镜头后面的我有时也会羡慕那些光彩亮丽的主持人，但我很快就会调整好心态：我现在是个剧务，就一定要做一个好剧务，如果有一天我能有机会成为一名主持人，我一样会是一个优秀的主持人。

现在我仍然记得那段时期的一些画面：在大雪纷飞的机场外瑟瑟发抖地等许秋怡；用并不魁梧的身体帮摄像老师扛着三角架翻山越岭；在电台和电视台之间奔波没有时间吃饭，不得不在班车上啃冷馒头；因为误会引发领导对我无端的责怪……这一切都让我记忆犹深，也成为我今天回忆中最有色彩的一幕幕。

但我感谢这些经历，它锻炼了我的心智，让我知道了人不会永远生活在聚光灯下，被别人千呼万唤地簇拥着。有些路需要自己默默走过，有些重担需要自己咬紧牙关默默承担。但你要倔强地相信：浴火而生，才能出现百鸟来朝的凤凰。我不敢自称是涅槃重生的凤凰，但我从此不再害怕人生的低潮期，当我战胜了眼前的困难，人生的春天不是马上就快到来了吗？这是我积蓄能量的时刻，阴暗的乌云终会散去，而我厚积薄发的那一天终将到来。

这里我也要非常感谢我的好朋友龙丹妮，是她把我带进了电视圈，让我有机会体味到"电视人"的个中滋味。正如庾澄庆常说要感谢小燕姐带他进入主持圈一样，我也常说龙丹妮就是我的"小燕姐"。另外，我还要感谢另一位同样是剧务出身的主持人——汪涵先生，无论是做剧务还是做主持人，他都是我的榜样。

有次，有位记者问我："如果不做主持人，你还能做什么？"

"剧务！"我毫不犹豫地说出这两个字。

他却难以置信地看着我说："别开玩笑了！"

不，没有开玩笑，我，就是一名优秀的剧务。

做一行爱一行，不管在哪个位置，都要体现出自己的价值，做不可替代的那个人！我们无法选择自己的出身，无法选择所生存的年代，但是我们却可以选择应该怎样度过自己的一生。不要觉得"不因虚度年华而悔恨，也不因碌碌无为而羞耻"是 Old Fashion，人生最快乐的事莫过于为梦想而奋斗，而我就正在奋斗的路上阔步向前。

# 绯闻与沉默

　　有段时间，不知道为什么，我总是被推向风口浪尖。但是，浪再大，也冲不垮岿然不动的礁石。有时候最厉害的武器不是荷枪实弹，也不是唇枪舌剑，而是沉默。清者自清，这一点我从不怀疑。

　　沉默是智者的言论，一样可以让我们知善恶、明得失。2012年，我和吴昕传绯闻的时候，正好赶上伦敦奥运会，我当时不在国内。工作的时候，我也没带手机，每天看比赛回来就各种忙工作，根本没有时间做其他事情。

　　有一天，我上网看了下微博，忽然就好奇怪，为什么会有那么人"@"我？那段时间，我没有上网，更没有发微博。后来我仔细一看，原来全都在说我和吴昕结婚的事情，当时我就愕然了。

　　回到住处，我打开手机微信，正好看到吴昕给我发的微信："嘉爷，国内在疯传我们结婚的事情，你知道吗？"

　　我只回了三个字——"看到了"。

　　之后我就没再说什么，因为我真的觉得没什么好说的。在这个行当里混久了，自然知道八卦的强大。看到这样的消息，自己都感觉像是在听笑话一样。而除了沉默，我也不知道我还能做什么。为了避免越说越乱，越描越黑，所以我决定从舆论中跳出来。等这件事淡下来，事实的真相自然会被还原。

没有绯闻的名人算不得名人，我不是什么名人，只是一个小有名气的艺人。我接受工作赋予我的光环，也接受因工作性质而带来的"麻烦"。

对待绯闻，我的态度就是保持沉默。面对舆论的质疑，沉默往往会被人看成是心虚、恐惧，甚至是默认。但我说了，我的沉默不是为了掩饰什么。你们可以说，你们有这个权利，但我没有必要去解释，因为我没有这个义务。这就是我的防御手段，也算是"进可攻，退可守"吧！

娱乐八卦作为自娱自乐的方式，我并不反对，但我也有我的原则和底线。家人和朋友就是我的底线，而保护他们就是我的原则。我不在乎别人说我，甚至是诋毁我，但我不希望祸及家人、朋友。

我做主持这一行，深知观众出嘴不留情。我能理解大家的好奇心和娱乐性，但同时我也希望大家能够理解并尊重艺人的为难之处。

# 从无畏到珍惜

一

我很喜欢外拍这份工作，而且尊重这份工作。那会儿我每周都要去国内外各种地方拍外拍，不管是最冷的还是最热的，我上过山也下过海，还与鲨鱼共舞过，也以此素有"中国第一外景"之称。

但是没想到，有一次和动物打交道的时候出了问题，而且还是比较温和的动物——马。

录节目前一天，我就和节目组的负责人说，让我上马就必须买保险，因为这是一份保障，和动物接触，你不知道动物会想些什么，做些什么，到时出状况，我们肯定会措手不及。当时也没有培训，节目组负责人就想把节目赶紧拍完。就这样，最后也没有买保险。

喂马的时候，如我所料，发生了情况，我被马咬了。我当时感觉手指肯定断了，很大一块，然后就想怎么没买保险呢，如果买了就可以赔了。

之前我没有喂过马，外拍负责人说，喂马要平着放，不要弯着放，因为马一咬，它不知道哪个是食物，哪个是手指。

情况发生之后，我就说，如果买保险就可以赔了，现在要台里自己出钱，你这就是省小钱花大钱，得不偿失。最主要的是会让我家人和朋友担心，幸好最后我的手指没有什么大事。

　　人的安全意识会随着年龄的增长而不断加深变强，因为我们的身份越来越多，比如我年轻时是老师身边的学生，父母眼中的孩子，现在我又多了一个主持人的身份，以后我还会成为丈夫、父亲。身份的增加就意味着责任心的增加，时时刻刻都要保护好自己，保证自己安全健康，这才是我们给予家人和朋友最好的礼物。

　　还有一次，拍谢霆锋的时候，在会展中心最高的楼上拍，我说，如果你不买保险，我就不上去，因为保险费用一个人就要一万多块，就那么一会儿，确实挺贵的。海涛没买，所以他就没上去。

　　年轻的时候会感觉这些事情都不是事情，年轻无畏。现在就会感觉自己有家人，有朋友，一个内心再强大的人，随着年龄的增大也会回归家庭。也许当时你不会在乎自己，但是也要想到很多人会在乎你。

　　人越长大就会觉得自己不单纯是为自己而活，还为身边的人而活。所以最近我也把烟戒了，还每天坚持运动，让自己的身体保持健康。健康不仅是对自己负责，更是对身边的朋友、亲人负责，我想这是我随着年龄的增长而逐渐领悟到的吧。

# 二

初中的时候，我很喜欢和年纪比我大的叔叔阿姨玩，这可能是因为我有些早熟，我总觉得能从他们身上学到更多的东西，而他们也都很喜欢我。因此，大家就都成了好朋友。

在这些人当中，我最好的朋友应该算是我阿姨了。

我阿姨的交际能力很广，认识的朋友很多，其中有一对姐妹，姐姐叫周琼，妹妹叫周芳。她俩是一对开心果，每次聚会时她俩总能把气氛推到最高潮。因此，我对热情开朗的周氏姐妹留下了深刻的印象。

据阿姨介绍，她俩都是"三班倒"的纺织女工，其实按照她们自身的条件，本应该有更好的发展，但那时候在一些大中型的国有企业里流行"子女顶职"的择业方式。所谓"顶职"就是父母们觉得自己的工作还不错，报酬还过得去，就提前退休，让子女接替自己的位子干下去。

在朋友们看来，"纺织女工"这份工作对两姐妹来说实在有点"屈才"了。不过她俩却非常满足于这种境况，于是工作没多久就成了纺织厂的骨干，尤其在文艺方面，她俩还是厂矿文艺队的台柱子。

在两姐妹当中，姐姐周琼的性格更像个男孩：处事为人大大咧咧，不拘小节，经常和大家称兄道弟的。她父母总觉得一个女孩子这样不太得体，但她却不以为然。她认为人与人之间的交往应该率直随性，以诚相待。我想，这也是周琼如此让大家喜欢的原因吧！

那天，天气很好，秋日的阳光洒在人们的身上，让人觉得温暖、慵懒。

周琼显得和往常很不一样，一改往日风风火火、来去无踪的作风，安安静静地待在家里织起了毛衣。这个活儿是她刚刚从妈妈那儿学的，初学的她正兴致盎然地研究着编织的技巧。这时，妈妈让她出去办点儿事。她是个孝顺的女儿，虽然她当时很想继续手头的活儿，但她还是听妈妈的话放下了手中织到一半儿的毛衣，骑上自行车出了门。

"外面的天气真好呀！这样明媚的阳光，不出来走走真是可惜！"她当时应该是这样想的吧！但是，就在这迷人的金色的阳光里，一辆疾速行驶的货车将这辆单车和单车上还在享受阳光的女孩撞飞了出去，女孩的头重重地磕在了路边的石阶上。

谁能想到一个花样年华的女孩会突然遭遇飞来横祸？三个小时的竭力抢救最终还是未能留住周琼的生命。她离开的时候，天色已近黄昏，夕阳很红，和血一样的颜色，仿佛是她的一颗心在淌血……

按照家乡的风俗，未婚的年轻人去世是不开追悼会的，但经过朋友们的商量，大家决定还是为周琼举行一个送别会。那天，她认识的朋友全都来为她送行。可能是因为年轻人表达感情的方式更加直接，追悼会上大家哭作一团，她最好的朋友泪流满面地对着周琼的遗体大骂："你她妈的不讲信用，爽老子的约，一个人开溜了……"

阿姨和我一直在她家里陪着周爸和周妈，两位老人因为这突如其来的悲伤而变得神情呆滞。这白发人送黑发人的一幕，让人看着特别心酸！

他们一直靠在窗边看着楼下的追悼会，只是默默地在看，眼中没有泪……而当他们看到女儿遗容的时候，周妈终于开口说话了："老头子，你看，琼琼看起来一点事儿都没有，好像睡得很香的样子！"

　　阿姨和我再也止不住自己的眼泪……远远地看着躺在灵柩里的周琼，我们只能在心里默默地说一声："安息吧，朋友！"

　　至今我仍深深记得周妈妈和周琼的那位好朋友在追悼会上说的那两句话。无论是周妈妈的平静，还是那位朋友的歇斯底里，我们知道这都是一种叫作"痛"的感觉。这份痛，我会永远记得。我要时刻提醒自己：珍惜自己的生活，好好活着，别让爱你的人心痛！

# 湘姐的"螺旋"人生论

　　三十年河东，三十年河西。人的一生中，机会是对等的，有起有落，同时也变幻莫测。

　　我的高中生活可以说得上是轰轰烈烈、五彩缤纷的，又是上学，又是做节目。到了大学生活反而很沉寂，平静如水。没有努力学习，也没有做节目。当时有一些优秀的同学去了浙江人民广播电台做节目，这个节目是学校和电台合作的，而我却一次也没有做过。

　　那会儿的传统观念是播音主持专业的学生毕业之后就要播新闻，因为大学老师给我们灌输的思想就是我们是为新闻主播而生的。当时还没有电视改革，湖南电视台也没有改革的迹象，所有人的计划都是成为一个新闻主播。而如果成为新闻主播的话，我的口音就是一个大问题。考大学的时候，我的成绩虽然是专业第一名考上的，但是我是湖南人，多少还是有些口音的，再加上我伯父给我带来的港台腔儿，所以当时我的发音多少还是有些不纯正的。

　　就这样学了两年播音，觉得越学越差，还总是被老师批评，让我不要有港台腔儿，渐渐地我失去了对播音的兴趣。但如果没有这些经历，我也不会成为

综艺节目的主持人。现在，我们大学招生简章上列在第一位的就是我，学校的办学思路转变了，不再单纯地把播音定性为新闻主播了，其实，不仅我们在变，环境也在变。

有时候，我在路上就会想，我家的几次搬迁仿佛就是时代发展的缩影。我们家以前住在岳麓山下的，那边有长沙最好的厂矿，福利也是最好的。接着，公司改制，很多员工就被迫下岗了。我父亲之前就是那家厂矿的，在他们改制之前，父亲就有先见之明，辞职下海了。而现在，长沙万达广场对面的那片区域，就是当初老工业区的那片地方，被李嘉诚买了以后变为长沙的黄金地段。这些变化说明，竞争虽然激烈，但是"千里马"还是会被"伯乐"发现的。

城市在变，时代也在变。几年前，人手一部诺基亚，现在，智能机层出不穷，诺基亚逐渐被取代了。诺基亚销量的直线下滑也让我们看到科技发展的迅速，更看到了时代的最真实改变。

如果没有与时俱进的意识，就会成为历史车轮下的牺牲品。任何一个人都不可能墨守成规过一辈子，需要转变的时候还是需要当断则断，努力改变自己，只有能够改变自己的时候，我们才有可能去改变世界。

　　一次，我和湘姐吃饭聊天，她对人生做了一个很深刻的审视。她说人需要隐忍，那个感觉是螺旋形的，有时候会在最低点，接着，未来五年或者十年又会在一个高点，就这样盘旋着往上走。

　　正如湘姐所说，我也觉得人生大致如此。

　　种种变迁，让我们不知道该何去何从。我们必须站在一个允许自己成长的环境，发挥自己的光和热。没有人能够永远在顶点，人生是需要分阶段来走的。

生命

不息，折腾不止

# Chapter... 03

# 生来就折腾

关于童年的记忆，因时隔多年，我已开始有些模糊。只是依稀记得，父母说我小时候很能折腾，连家里的亲戚都知道小时候的我不是"一盏省油的灯"！别看我现在一副乖乖虎的模样，但小时候我可把他们折腾得够呛。

据说妈妈当初生我时，可谓险象环生。因为妈妈身材比较矮小，而我在妈妈肚子里又偏大，所以妈妈在产房痛苦煎熬了一天一夜，还是不见我冒出头来。产房外面的家人焦急万分，爸爸甚至把自己的板牙都咬松动了，后来好长一段时间咀嚼食物都有困难。

到了最后，妈妈已经精疲力竭、气若游丝，幼小的我也几乎听不到胎音，医生说剖腹已经来不及了，只能用吸筒将婴儿吸出来。但是，一波未平，一波又起，偏偏那个吸筒还是个坏的，前后吸了3次才将我迎到人间。

刚刚出生的我足足有7斤6两，白白胖胖的，很是可爱。不过爸爸、妈妈还没来得及多看一眼，我就被护士急匆匆地送到医院的保温箱里吊氧气。因为医生讲，用吸筒吸婴儿有一定的危险性，哪怕只用一次，也很容

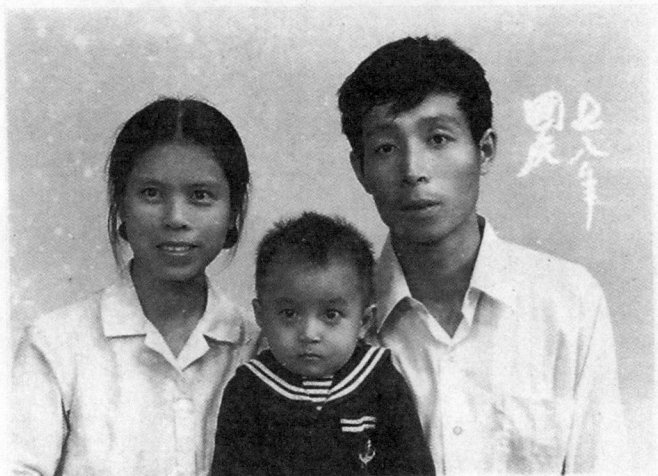

易损坏婴儿脑部而导致婴儿变成白痴。我虽然被吸了3次，现在还能这么聪明，还真是够幸运的！

小时候，他们给我起了一个亲切的外号，叫"长把芋头"。因为刚出生的我脑袋被吸过，所以比别的婴儿的脑袋长了一倍，因此经常都戴着帽子。若是你掀开我的特制小帽，就会看到一个脑袋呈圆锥形的小怪物，很像"长把芋头"。不过我的眼睛很大很亮，特别招人喜欢。

一般来说新生的婴儿都特别喜欢睡觉，但据大人们说，初到人世的我绝对是个精怪，似乎跟诸如床呀、摇篮呀这些本该可以让婴儿睡得更舒服的地方有着深仇大恨，决不肯在上面停留一秒。我的"床"只有一个，那就是大人们的手臂。

常常是大人们抱着我哄上两三个小时，让我熟睡、熟睡、再熟睡，然后想法儿把我放到床上去，借以让自己酸麻的双臂能得到片刻的休息。而放我在床上的过程绝不比操作精密仪器轻松：双手一定要稳，不能有丝毫的抖动；大人的脸不能正对着我，以免呼出的气息将我惊醒；方圆5米之内，是不能有任何

一点响动的。

即便如此小心翼翼，也常常是大人的手刚刚挨到床，我这边便"哇"地一声哭开了。于是赶紧抱起我，"将哄进行到底"。妈妈那时的工作要"三班倒"，她回忆说，每当她下夜班回家时，通常看到的画面是：爸爸无精打采地抱着他的宝贝独生子，身上披着一床被子坐在床中间，正东倒西歪地呈不倒翁状。

当然，小时候的我也像所有小孩一样天真可爱！我是喝着牛奶长大的，所以对牛有着极浓厚的"革命感情"。为此，还常常闹出让大人们啼笑皆非的笑话。那时候，尚年幼的我，只要看见牛，不管是公牛还是母牛，都会毫不犹豫地走过去，虔诚地叫上一声"牛妈妈"。那奶声奶气的童声，简直萌翻了！

别看现在的我皮肤不白，其实小时候很白的。但就因为喝牛奶喝得太多了，不幸长了一脸的湿疹。而那时"肤轻松"还是紧俏药品，因为买不到所以只好给我擦一种叫"黑豆油膏"的东西。擦上它，原本白白嫩嫩的孩子一眨眼就变成了"国际小友人"。久而久之，我的皮肤居然真变得黑不溜秋的，至今都未恢复。——当然，我不可能记得这些，是小姨告诉我的。

人们常说"女大十八变"，其实"男大也十八变"。现在大家所熟悉的维嘉在舞台上很活跃，性格开朗，侃侃其谈……但小时候的我却是个腼腆的小男孩。那时我总是低眉顺眼地跟在大人身后，像个乖乖女似的，即便生气了也只会咬着嘴唇让泪水在眼眶里打转；若是高兴，便会掩嘴轻笑，一派"淑女"风范。

总的来说，小时候的我一直是个乖巧的孩子，但有时也会露出一点小男孩调皮的天性。记得有一次，我小姨的自行车连着几天被人拔了气门芯儿，回家跟我说起此事，我很是气愤，也非常义气，扬言一定要帮小姨讨回公道。怎么讨呢？我跟表弟、表妹们商量的结果是：以其人之道还治其人之身。既然别人拔了我们家人的气门芯儿，那就去把别人单车的气门芯儿也拔下来！

于是在一个下午，我带着表弟、表妹们把那片宿舍区的单车全部"洗劫"

了一遍。当时我们打的如意算盘是："我拔了近百个，别人再偷也偷不完的。"可正当我们准备继续扩大战果时，不幸被别人发现了。于是，4个人分头逃窜，并急忙把手里的东西扔进水塘里，然后就若无其事地回家了。

大家都说我长得像维吾尔族人，可别以为我整过容，我确实从小就是这个样子。小时候我四姨还特地给我做过一顶新疆帽，戴在头上神气极了。那时家里人抱我去逛街，只要进了商店的门，就不用为我操心了，因为商店里众多的营业员全是我的临时保姆。

由此可见，我小小年纪魅力已经很大了！那时的我，浓眉大眼，漂亮极了，谁都忍不住要抱抱。家里人说，商店的营业员总是边逗他边开玩笑："咯个细伢子长得咯像新疆人，怕是赛福鼎的孙伢子啵！"那时候家人进商店，进去时就把我交到一个营业员手中，出来时却从另一个手中接过来，阿弥陀佛，幸亏那时没有人贩子！

除此以外，在我很小的时候，我的表演才能已经初见端倪了。那时我家对面有一个工厂的高音喇叭，每到下班，只要音乐一响，我便会和着音乐的拍子跳自己编的舞蹈。

有谁能想到，长大成人了的我，凭借自己的努力，真的一步一步脚踏实地地在电视圈闯出了自己的一片天地。

# 不能"演"的秘密

俗话说"演而优则唱"、"唱而优则演",当今的娱乐圈,一个艺人向多方面发展似乎是司空见惯的事情。所以经常有人问我:你们《快乐大本营》收视率这么高,"快乐家族"又这么火,是不是应该考虑向影视圈发展?

其实,"快乐家族"并不是没有涉足过影视,海涛就出演过电影。不过大部分情况下,我们还是"友情客串"的时候比较多。因为关于这个问题,我的答案是:术业有专攻。

在我看来,一个人一辈子能够用心把一件事做好就很不容易了,不是每个人都适合身兼多能,而且隔行如隔山,有些事情看着简单但要把它真正做好却并不容易,所以拍电视、拍电影,还是让专业演员去做吧。

我不愿意涉足影视还有另外一个原因,那就是兴趣。对做演员这件事,我确实是不太感冒,没有什么兴趣。我觉得不管做什么事情,兴趣是第一位的。如果你对一件事确实很感兴趣,那么即使你不够专业，也可以勇敢地去尝试。所以，我还是集中精力做我最有兴趣的事——主持节目，这是我从小的梦想，我一直以来的兴趣，也正因为如此，我才成为了一个还算不错的主持人。

不喜欢演戏也和我自己的个性有关，我不喜欢去扮演别人，始终觉得那样很假，除非让我演我自己，而这样就不是真正的演员了。真正的演员应该是活在角色里，演谁都可以，演谁像谁，这点我真的做不到。所以，我最多也就是客串，真正的成为演员我不太可能。

还有一方面我觉得不适合演戏的原因是，我们"快乐家族"的成员们给大家的印象太深刻了，不管这个剧本有多么好，不管我们演得有多好，大家都会觉得你就是"快乐家族"，不会成为别人。只要我们在荧幕上一亮相，观众就会喊："哎呀，这不是维嘉吗？这不是何炅吗？"很难把我们和剧中的角色联系起来，所以，不管我们怎么演，我们的角色都不会深入人心。

我们在全国观众的心目中已经有了清晰的定位——主持人，所以不管演什么，都会显得痕迹太重。如果你演得不露声色，大家会觉得你就是维嘉，没入戏；如果你进入了那个角色，他们又会觉得你演得太过了："哎呀，演的什么呀，真浮夸！"不管我们怎么演都显得不对。所以，我基本上就放弃了演戏这个想法。

也曾有一些剧组邀请我们"快乐家族"出演角色，但其实是看中了可以来《快乐大本营》做宣传，因为只要上了《快乐大本营》做宣传的电影，票房基

本上都会有所提升，所以我们总觉得有一种被利用的感觉。

　　不过，《快乐到家》这部电影我还是很愿意演的，因为这是为我们"快乐家族"量身定做的电影，一年一部。

　　我不希望我演的角色，A来演可以，B来演也可以，那就太没意思了。我们每个星期在屏幕上露一次脸，出镜率已经够高了，观众对我们已经够熟悉了，再怎么演，大家还会觉得你就是主持人。甚至不知从什么时候开始，我们莫名其妙地背负起只要是"快乐家族"出演就多半是烂片的恶名，所以，为了自己的形象，我们还是少演戏吧。

但是，怎么来洗刷自己这个不好的名声呢？我跟娜娜的想法是，要演一部真正属于我们自己的电影，像《快乐到家》之类的。因此，我们在谈这部电影第二部的时候，就告诉制片人，一定要拍出一部高水准的电影。

而且说实在的，把"烂片"的原因归结到我们身上太冤枉我们了。因为我们在那些电影中只是露了一下脸而已，然后他们就把我们的镜头剪成片花，说这个片子是我们主演的，结果观众对电影不满意就说"因为是你们演的，所以很烂"，这简直就是黑我们嘛。

所以我们也觉得很委屈，为此，我对其他几位快乐家族的成员说过："以后你们接片的时候，一定要慎重考虑一下，尽量别打着'快乐家族'的名义，不要给'快乐家族'带来负面的影响。"

口碑是观众给的，我们要做的是把口碑延续下去，而不是在一个不擅长的领域让口碑消亡。人一辈子把一件事做成了就已经很好了，就已经很不容易了，如果再在其他领域取得成就，这个人就一定是一个天才。万事万物都有它固有的规律，春种夏长，秋收冬藏，按照客观规律把事情做好，发挥自己的特长，我们才有可能在专一而精的前提下取得一番成就。

# 酒吧的梦想

　　如今在演艺圈，明星参与实业投资已经不是什么稀奇事，而我也曾经赶过一次潮流，当过一次老板，拥有过一家快乐的酒吧——INBAR。

　　不过，与众多明星自创品牌不同，我的酒吧是将全球权威酒吧连锁机构集团引入湖南市场，据说温碧霞、黄晓明等人都曾是该集团在不同城市的股东。为配合酒吧的高端定位，在酒吧开幕式那天，我与好友还特地邀来法拉利、兰博基尼、宾利、保时捷的豪华车队亮相，引得众多人围观。

　　虽然我以投资人的身份出席了开幕式，但我并非最大的股东，真正的酒吧投资人和管理者是我的一个朋友，他想以我的名义开一家酒吧，所以我就需要一个名分，于是就成了股东。

　　但我开酒吧并不是想将事业的发展重心转向商界，因为我不止一次说过，主持人才是我这一生都要做的事情，而作为一个主持人，离开了舞台就等于鱼离开了水，况且，管理和经商也不是我的长项，所以大多时候酒吧还是朋友们在管理，我只是负责在好友们聚会需要喝酒时推荐他们来自己的酒吧。

我这样做也不光是为自己的酒吧招揽生意，因为大家聚在一起常会喝酒，喝得多了就很容易滋事，而在别的地方出了事就不太好了，所以我们一般都是在KTV，或者是在自己的夜店玩。我也常带朋友到我的酒吧玩，曾经有一段时间我的酒吧生意特别好，经常来长沙的朋友，比如吴奇隆、杨幂，都觉得我的酒吧很不错。

但当吴奇隆再次来长沙说要去我的酒吧玩时，我遗憾地告诉他我的酒吧已经关门了。不知道是因为酒吧的确不好经营，还是因为我们的合作有问题，总之酒吧最终是倒闭了。因此，我的第一次创业很快就失败了。心里确实很遗憾，因为不管是朋友还是我自己都觉得 INBAR 是个很不错的酒吧。

不过我知道创业就一定会有风险，所以也并没有太失落。也可能是我有自知之明，知道自己不是经商的料。因此，如果以后我还有机会投资的话，一定会找一个专业的团队来做。因为我觉得每个人都有自己擅长的领域和不擅长的领域，而我可能只适合做一个主持人。

当然，这也要看自己想怎么投资。如果自己分了一部分精力去经商，结果还没有赚到什么钱，那还不如找一个投资经理，让他帮你优选几支基金，那样的话，自己什么都不用做，收益还会很大。

对我来说，除非某个生意特别好我才会去做，不然的话，我是不会涉足的。原因很简单，假如自己付出了很多精力，最后的收入还不如我一年的商演，那我何必浪费时间呢？

当然，如果一件事情是你特别感兴趣的，那就另当别论了。比如我开酒吧，是

因为我自己也喜欢去酒吧，反正也要出去喝酒，也要去夜店，那去别人的店还不如去自己的店，于是有人找我合作，我就答应了。更何况他只是希望借我的名气带来人气，不用我付出什么，而我又多了一个地方玩，何乐而不为呢？

虽然酒吧最终失败了，但我也学到了很多经验。仁者乐山，智者乐水，我们不可能在每个地方都能发光发亮，如果那样的话，我们就成太阳了。就像汽车一样，只需要照亮汽车前面两百米就可以了，所以我们也没有必要去和其他专业人士在他们擅长的领域去争个长短。我们需要的就是把自己的工作先做好，再去考虑其他。

对待酒吧这件事，一千个人眼中有一千个哈姆雷特。做事之前，找对角度非常重要，角度对了，坚持过后，事情也就自然成了。

# 第三种声音

　　每天和声音打交道的我没有感到掌控声音是多么困难的事，但是和那些老艺术家比起来，我的经验还是很缺乏的。有时候你最得意的技能往往会在关键时刻马失前蹄，善泳者易溺，就是这个道理。居安思危，每时每刻提高警惕，每时每刻让自己完善，才能让自己不被自己的能力所抛弃。在配音这个新的领域，我感触颇深。

　　配音，也是我很向往的一个职业，《天天向上》就做过几期关于配音演员的节目，感觉非常棒。许多熟悉的经典卡通、电影、电视中的配音在节目中重现，让人感叹，对于这些老艺术家的造诣，我由衷地钦佩。

　　而我也曾有幸为一些动画片配过音，整个过程感觉非常有意思，这和做主持人及演员是完全不同的体验。需要把你的情感完全投入到影片中，然后通过声音表现出来，就是用你的声音来重新演绎角色，这对于我来说是非常大的挑战，也是一次美好的体验。

　　我配音的处女秀奉献给了《美食总动员》里的小宽。这部影片是由曾打造过《超人总动员》的迪斯尼影片公司和皮克斯动画工厂联合打造的幽默三维动画，出品方特别邀请了我们"快乐家族"为其中文版配音。

影片讲述了一只酷爱美食的老鼠小米，一心想成为伟大的厨师。机缘巧合之下，小米结识了在厨房打杂的学徒小宽。为了追逐共同的梦想，他们组成了绝妙的团队。笨拙的小宽加上胆大包天的小米，衍生出许多令人捧腹的故事，一人一鼠的组合几乎把巴黎美食界搞得天翻地覆。

总之，这是一部很棒的影片。说到为何选择何老师、娜娜和我为其配音，资深译制片导演张云明笑着说："谁给主角小米这只老鼠配音最合适？我脑子里第一个蹦出来的人就是何炅，然后以他为中心去设想其他人。谢娜给甜姐配音也非常合适，甜姐的性格简直是娜娜的翻版；而维嘉是个意外惊喜，他和小宽的声音非常搭，甚至连外形都有点像，真是绝配！"

就这样，我们三个人开始为《美食总动员》这部影片配音。何老师就不必说了，他工作总是特别认真，他做了大量的前期准备工作，表现也令人惊艳，他改的几处台词简直是神来之笔，令张导大加称赞；娜娜的表现也很出彩，她不仅努力，还十分聪明，一点就透；而我在当时心里还是很紧张的，唯恐自己配不好，因为这毕竟是我第一次为影片配音。不过，最终我的配音得到了张导、何老师等人的称赞，他们评价我是"形神兼备"。当所有的配音工作都结束后，张导非常满意。他说比他想象中的还要好，我们的表现给了他一个大大的惊喜。

在为这部影片配音的过程中，有一场接吻戏让我印象最深。我们需要用声音表现出我配音的小宽和娜娜配音的甜姐接吻的情境，本来是很温馨的一个节奏，可我一想到甜姐是娜娜配音的，就忍不住想笑。所以配这场接吻戏的时候，总觉得自己是在啃什么东西，很奇怪，很想笑。

有了首次"声音触电"的奇妙之旅后，我又陆续为《快乐奔跑》、《虹猫蓝兔火凤凰》和《熊猫总动员》配过音。从第一次的生涩到后来的娴熟，我的成就感也越来越大，而且我真的喜欢上了配音这个工作。

这就是我的配音奇幻之旅，和主持、演戏比起来，它有另一番别样的精彩。我相信，我的配音之旅还远远没有结束，只是刚刚开始，而在不远的未来也会有更多我配音的作品陆续上映。

# 小四的情歌

"孤单过，多少伤心颜色，多少眼泪困住的过错，眼眶含热红尘里消磨，情路走太多，什么风景都看破。深爱过，流沙下的花朵，握紧的手如今剩下什么，生命如飞沙从鬓角吹过，回首时的天色，你留给我的脉搏……"

这是我的单曲《以爱之名》，熟悉它的朋友们一定都知道这首歌的词作者就是郭敬明。

我和小四的不解之缘是从《快乐大本营》开始的，然后一路插科打诨、嬉笑怒骂，不知不觉就做了十几年的朋友。小四在我眼中是典型的双子座性格，聪慧、健谈并且多才多艺。让人感触最深的就是他的幽默和睿智。至于他心目中的我，听听《以爱之名》你就知道了，这首歌就是他专门为我量身打造的。虽然经过了六个月的"难产期"，但当歌词呈现到眼前的时候，我一下就被打动了。这首歌可以说是我的情感告白，歌词中天蝎座情感细腻的特点一览无余。不得不说小四对我性格的把握相当到位，所以我才能驾轻就熟地演绎出这首歌的味道。

从在微博上不停地向小四催稿："四，我的歌词呢？"到走进录音棚，调节奏、调音准、找感觉，这首歌倾注了我太多的心血。等它终于新鲜出炉，并且在各大榜单上取得不俗成绩的时候，我倍感欣慰——原来我也是可以走深情路线的。

《以爱之名》是我的首个个人单曲，对我来说意义重大。本来我对自己的歌喉就颇有些自得，如今看到属于自己的歌曲呈献给全国的歌迷朋友，更是难掩心中的激动。这首歌最终收录在《快乐你懂的》这张专辑中。之前录节目的时候，常听来《快乐大本营》宣传新歌的嘉宾说，拿到自己第一张专辑的时候会忍不住掉眼泪。这种激情，我也终于亲身体验了一把。

其实不止是我，整个"快乐家族"也都为《快乐你懂的》这张专辑付出了很多辛劳，为了配合歌曲录制主动调整档期，任劳任怨。专辑出来那一刻，我们都大感值得。也许真正精彩跟珍贵的除了听众的认可，还在于这是我们倾尽所有得到的成果吧。

# 明星经纪人

　　《我是歌手》是国内首档顶尖歌手音乐对决真人秀，自开播以来，以迅雷不及掩耳之势席卷大江南北，为全国观众打造了一场场无与伦比的顶级豪华音乐盛宴，成为可以和《中国好声音》相媲美的大型音乐综艺节目。

　　我和很多《我是歌手》的粉丝一样，关注它的每一期节目。不过和大家不同的是，我除了是这个节目的粉丝外，还有另外一个身份——选手羽泉的"经纪人"。虽然我们并不是真正的经纪人，但这个身份也让我感到很自豪。

　　"经纪人"这个身份其实是一个代表观众抒发观感的一个渠道。因为这个节目没有评委，评委都在投票，歌手们唱得好不好，除了其他歌手用表情和感想来表现外，没有人来点评，所以，需要有人把这种观感凸显出来。

　　于是，就设定了这个"经纪人"的位子，"经纪人"有点像场外主持，它只是个噱头，我们要做的就是把我们的观后感告诉大家，其实就是穿针引线。

在节目开拍之前，节目组找到我、海涛和吴昕，说如果我们能来做这个经纪人，这档节目就立体起来了。节目组是想通过此举向所有人证明，《我是歌手》这个节目连"经纪人"这么细小的部分都是自己人来担任，可见态度是多么认真，这个节目绝对是最棒、最顶级的。

既然如此，我们就答应了。虽然我们在节目中的分量很小，但我们还是很认真地在做。我是羽泉的经纪人，海涛是黄妈的经纪人，吴昕是尚雯婕的经纪人，还有几个同事是其他几位歌手的经纪人，如果我们能互动得好，是很有看点的，当然，我们也不能太抢戏，否则会被观众指责，因为这个节目毕竟是以唱歌为主。

即使这样，第一期节目播出后我们还是遭到了很多人质疑："为什么要找几个主持人在那儿，不是画蛇添足吗？"不过后来他们就渐渐接受了我们，因为他们发现我们是认认真真地在做"经纪人"，我们不是在表演。大家就逐渐把这个当成了一个综艺节目的其中一个环节，结果，这个节目是好评如潮。可见，每一个节目的每一个环节都不是随便设置的。

说实话，虽然我是羽泉的"经纪人"，但我觉得站在《我是歌手》舞台上的每个歌手都是最棒的。但是只要是比赛，就会分胜负，就会有淘汰，这是一件残酷的事，我不希望任何一个人离开这个舞台，因为他们每个人离开舞台我都很舍不得，但是比赛就是比赛，这就注定淘汰是不可避免的。

所以，当最后一轮比赛结束以后，我非常兴奋，我觉得冠军十有八九属于我们了，但是事先我们并不知道结果。有些人会觉得这里面有黑幕，但其实真的没黑幕，而且没办法有黑幕。观众都是陌生的观众，他们除了认认真真地投票，其他一概不知，就连节目的主持人都是歌手来客串，所以，这档节目从开始到最终结束是没有任何黑幕的。

决赛的时候，羽泉展现了他们的唱功，选择要邀请嘉宾的时候，他们更是展现出了对综艺节目的感悟和理解，他们邀请了邓超，我当时感觉请一个歌手圈外的人，效果会不太理想，但是没想到邓超的表演把决赛推向了一个高潮，我觉得羽泉有时候比我们更懂得要怎么样抓住观众的心。

这个节目中还有一件趣事，就是所有的参赛歌手建了一个群，叫作"歌手怕经纪群"，顾名思义就是歌手怕经纪人的意思。这个名字听起来很有意思，但其实这个群是用来沟通歌曲用的，歌手的每一首歌，我们都会在微信里沟通。

这个节目是录播，每一期节目的投票结果是没有人知道的，除了我们。所以那个时候我们真的是非常红，每个人见到我们都问："《我是歌手》的投票结果怎么样？"我每次都耸耸肩、摊开双手："无可奉告！"连娜娜问我，我也是这么回答，娜娜气得骂我："你这个'畜生'，居然连我都不说。"

我确实不能说，因为我们都签了保密协议。尽管结果每次都有人透露出去，但是这是反营销，也是炒作。

《我是歌手》对我来说，是一次全新的经历，是生命的另一种体验。作为《我是歌手》羽泉组合经纪人的我一路走来，收获了很多，分享了很多，从他们的人生经历中学到了更多，更能体会那些逆境中的坚持，比如羽泉、黄妈等，他们的人生也曾起起落落，跌跌撞撞才走到今天这个状态的。没有什么人能随随便便成功，每个人都是百转千回才走到今天的，所以看事情不能看表面，不管看人还是看事情都是如此，我们都需要透过现象看本质，本质的东西从来不会欺骗人。

　　从《我是歌手》中我学到了很多，也理解了很多，其实人生就是一个不断洗涤刷新自己的过程，而每一次新的经历都是一段美好的旅程，我知道我永远在路上，永远在完善，我想这就已然足够了。

# 百变由我

我是李小龙！我是贾宝玉！我是皇上！

不要以为我这是在说疯话，关注我的朋友一定知道，这是我在2013年湖南卫视《百变大咖秀》中扮演过的角色。

我很喜欢这档节目。因为主持人是我的好朋友何老师和娜娜，而嘉宾也是我的好朋友戴军、朱桦等，可以说，这档节目给了我和老朋友们叙旧的好机会。

最重要的是，我可以释放自己，去扮演平时我不可能去扮演的角色。有一些新闻说，我扮演其他人物对我是一种挑战，说得确实没错，但在这里我做的是本色出演，所以，我非常享受这个舞台。

作为一名工作了十几年的电视人来说，在工作中享受快乐，在工作中体会另一种情感，是一件非常有意思的事情。尽管在《快乐大本营》的舞台上，我同样疯玩疯闹，但再怎么玩闹我也只能是李维嘉，而不可能是李小龙、贾宝玉、皇上，而《百变大咖秀》却可以让我成为我想成为的人。

当然，我也在网上看到，一些朋友说不太喜欢我在大咖秀舞台上的样子，其实放松心态看，这是很正常的事情：过去你们看到的我，多以主持人的身份出现，而此时，我是嘉宾，是整个活动的参与者而不是引领者（引领者是何老师和娜娜），所以，我会更加放松、更加投入地参与到节目里去，而不必顾忌我原来的样子。

也许以后大家会看到更多的节目中我都不是以主持人的身份出现，但是我依然会努力地给大家带来欢乐和笑声。

《百变大咖秀》虽然不是我的节目，但我却非常喜欢它，所以从第三季开始，我的出场概率多了很多。虽然我不像大张伟那样疯狂，也不像贾玲那样总是喜欢反串，可我甘愿做各位大咖们的绿叶，陶醉于这场周四晚上的盛会之中。

扮演哪个角色就要真正站在那个角色的角度去品味众生百态，需要全身心投入，而回到现实生活中还要回归到那个最真实的自己。我感觉快乐家族的五个人的出镜率太高了，想要再扮演其他角色已经很困难了，因为本色的你已经深入人心了。但是每一次我都会全身心投入，不管观众对闪光灯下的我怎么看，但是那已经是最努力投入的我了，也希望我的认真投入能够得到大家的肯定。

快乐

从脚下开始

# Chapter...04

# 何老师的多维空间

　　本来想再提笔写一写何老师，但思前想后，还是觉得他在之前的书中向我约的那篇稿最能表述我了解的他，所以，就再借它一用！

　　何老师向我约这篇文章的时候是这样说的："你一定要写得好一点，你可是贯穿全书的主要人物！"这么一说，我压力顿时很大。

　　思来想去，写了又改，改了就丢，废稿纸扔了一地。写些什么才能表达出我和何老师之间的情谊呢？看着地上静静躺着的废稿纸，我忽然想起有一次在何老师家帮他整理资料的情景……

　　那次是我在北京出差，第二天何老师和我都要赶早班的飞机，于是，我们和北京的好友王菁决定在何老师家里通宵聊天。那天，大家的兴致都很高，好多八卦的话题一个接一个，诸如王菁预计要存多少年的钱才够飞去东京看一眼木村拓哉之类。

　　何老师的工作非常忙，休息的时间特别少，所以他是得空就睡觉，利用一切空挡弥补缺失的睡眠。这一点和"天天兄弟"里的欧弟很像，来回奔波，车上就是补觉的地方。而与朋友的聚会时间，何老师的状况通常是有规律的：卡拉OK，他会保持一个多小时的兴奋后慢慢睡去；聊天聚会，参与其中，不苟言笑，半小时后睡去；看VCD的聚会，光盘还没读出来，人已经先睡死过去了。有人问为什么湖南电视台的主持人都爱吃槟榔，就是因为槟榔可以提神，能够让我们全神贯注地站在台上。

但那天晚上的何老师却异常精神，聊了很久还神采奕奕。我们聊到了当时正在策划中的他的新书《快乐如何》，聊着聊着，何老师就兴奋得像个小孩子似的坐到电脑前构思全书的提纲和篇目，然后交给我和王菁一大堆旧稿纸，让我们看看哪些内容可以在新书里用。我们三个人就这样各干各的，一直到凌晨，聊天Party才圆满结束。

何老师还有个习惯，就是他一入住哪家酒店就会用哪家酒店的专用稿纸写东西，因此，这堆旧稿纸来自于全国各大酒店，装订起来也可以出一本《中国酒店电话查询簿》了。有的稿纸真的很旧了，颜色都有些发黄，但是，无论是哪张纸，都有何老师整齐而娟秀的字迹，而内容大多是节目文案、小品剧本和一些心情记录的文稿。看着那些纸稿，你就看出何老师零碎而又整齐的世界。

我很仔细地阅读每一篇东西，印象最深的是他在大学时兼做湖南经济广播电台节目主持人时的节目记录文案。文案上记录了他每期节目要聊的话题和大概框架，包括节目中间安排的一些歌曲、铺垫的一些音乐都记录在案。

我惊奇地发现很多话题是我们共同聊过的，很多歌曲是我们都喜欢的，所以，我看到的不仅仅是些简单的文字，而是我们这些年走过路程的共同痕迹、共同记忆。我看到他的某篇文章就能想起他那段时间喜欢穿什么风格的衣服，例如"节目文案"

这个时期他喜欢穿背带裤和格子衬衣，不得不说，那个时候，他的品味好逊！

但说实话，认识了何老师这么多年，他身上的很多特质都没有变。

认真对待工作。学生、老师、歌手、多档节目的主持人，各种身份变化游刃有余，而且表现极佳，当然，个中滋味只有他自己最清楚。他一直是我学习的榜样。

认真对待朋友。每次买东西时都会帮朋友挑礼物，还会在连续录完几场节目之后，硬着头皮、强打精神参加朋友们的聚会……他这个人在照顾朋友方面感觉已经到了一种好得不能再好的地步。记得有一期做韩庚的节目，我们故意为难韩庚。当然韩庚自己也是这个计划的参与者，只有何老师一个人被蒙在鼓里。我们都知道何老师是韩庚最要好的朋友，就是要看看何老师在台上的表现。这次"整蛊"比较成功，因为被称为"和事老"、在录节目时几乎从不生气的何老师终于为了韩庚生气了。

认真对待生活。即使再忙再累也要抽空儿去挑些充满家庭趣味的家居日用品。到上海购物，看到适合的窗帘，认真地按尺寸买下，不惜体力从上海背回北京。何老师对生活是一丝不苟的人。我们几个有一次聊天，话题就是说出快乐的理由。只有何老师竟然能想出 100 个快乐的理由！

这些年他的变化又很大，我认识他的时候，他只拥有部分少儿观众，但现在的影响力可以说是波及"泛亚地区"，再借用娜娜的一句名言，尤其是在我们"马栏山"。知名度高了，就更爱臭美了。刚认识他时，衣着品味极其平常而且单调，到 1997 年我大学毕业去北京找他玩时，在他家竟然帮他整理出七大纸箱子的衣服。说是来玩，其实当了一天的苦力。

还有一个变化就是，以前他只是喜欢唱歌，可是现在他对于卡拉 OK 的热爱几乎到了疯狂的程度。上海有一家卡拉 OK 很舒服而且新歌极多，有一次，我们同一时间段飞往上海。他从福州出发，我从长沙出发，我还在长沙机场时就接到他的电话，说要跟我确认一下有没有订好 KTV 包房。Oh, my god! 天底下恐怕没有第二个主持人能那么流利地背出卡拉 OK 的订座电话。

　　何老师一直都没变，同时也一直在变着。不变的是他认真的人生态度，变化的是他的进步、影响力以及不断提高的生活品味。但有一点他永远不会变，那就是他对快乐的追求。就像他说的，他有 100 个快乐的理由。祝福他永远都是一个快乐的人。

　　我曾看到《新周刊》对何老师的评价：身兼大学教师、娱乐主持、演员与歌手于一身，集一流学识、亲和力、机智、控制力与喜感为一体。当时我就想，这如果让何老师看到，估计他会窃喜一阵子。

# 快乐家族与星座

我和海涛是天蝎座，何老师和娜娜是金牛座，吴昕是水瓶座，吴昕正好平衡了我们两种星座。我们其他快乐家族的五个人关系是非常好，有人说是因为我们星座搭配得很合理，也很平衡。

现在，越是年轻人就越相信星座，其实，我认为星座不能全信，也不能全不信，星座就是给我们一个心理暗示，告诉我们要成为什么样的一个人。星座会给我们一种暗示，当你认识到它的存在之后，就会发现你越来越像这个星座的气质。

天蝎座的人需要经常不断地处于忙碌之中。喜欢亲自动手去做事；喜欢改善自己的工作和生活环境；喜欢更新自己的想法；不喜欢无所事事和庸庸碌碌的生活。天蝎座的人从不接受任何失败，如果遭到了挫折，这个星座的人会凭着顽强的意志和坚忍不拔的精神，重新奔向成功。当然还有最重要的一点，就是天蝎座的人酷爱权力，喜欢有自己的思想方法。

海涛觉得我就是一个典型的天蝎座，所以他就经常以天蝎座的方式去对待人和事。我和他就会经常以天蝎座的那种方式相处。海涛就说，他和

我关系非常好，在快乐家族中他最喜欢的、最亲近的人是我，他觉得他以后可以像我一样生活，可以掌控很多事情，不会因为别人的主观意志而转移，也不必各种优柔寡断，而是想做什么就做什么，有自己的想法，有自己的灵魂，活出自己的本色和特色。

他会经常对我说："嘉爷，我好想你，没听到你说话，我就很难受。"

我们五个人就像一家人一样，一个人出事，另外几个都会来帮忙，比如说谁脸上的妆花了，谁的领子歪了，等等，这些我们都会相互帮忙的。多数时候，我们也会相互取笑，相互吐槽，这样的才是真感情，因为我们在一起的时候是不会隐藏自己内心的真实感受。

我和何老师认识很多年，有一年，我生日的时候，他说："你有没有一种朋友，认识了很久，和你的青春一样久。这种朋友，我叫他嘉嘉！生日快乐！愿你和你最喜欢的考拉一样，悠闲自在地生活。（其实你已经差不多做到了！）"其实，这就是金牛座的表达方式，我也非常喜欢，非常能接受。

　　金牛座代表的是生命周期中的第二阶段——从7岁到14岁。金牛座的人就像这个年纪的孩子一样，会去慢慢摸索和学习，进而逐渐对切身相关的事物拥有更好的掌控能力，清楚知道周遭的东西是否属于自己。这种"拥有"的观念使得孩子开始学习如何使用并且悉心照料自己的所有物，同时也懂得"维护"便能延长物品的使用寿命；另外，也慢慢发展出"分享"和"交换"的观念。

　　有段时间，海涛出现了各种各样的风波，有些事情都已经超过了我们最坏的预期。尤其是在网络上。我对网络保持着一种警惕之心，就像一个不敢相信、不敢多与之促膝谈心的朋友。即使我们被这样的环境包围。有些人也"批评"我们，说对海涛太严苛，总是把其实没有必要的苛刻要求强加到他身上。还有在河南拍戏那次事件发生后，很多人会说，名人应该以身作则，不能忘记自己公众人物的身份。我也知道，这样的要求是对的，但是海涛还年轻，还是个孩子。天蝎座的人本身就有些我行我素、特立独行的基因，我有切身的体会。海涛在成长，虽然有时候天蝎座的特性会展现出来，我也能理解，因为我曾经也走过很多弯路，而这也就使得我对海涛有更深的理解和保护了。

　　娜娜就更是金牛座的代表人物了。大大咧咧，嘻嘻哈哈，好像对身边的事情，一概都粗枝大叶，其实，娜娜是一个很细心的人。比如，我们之前的那些

陈年旧账，她都仔细地记在她的小本子上，哪天哪天借何老师多少钱，哪月哪月借我多少钱，她都记得一清二楚，但就是不还。我们每次都要在《快乐大本营》里向她讨要，只有我们说出具体的借钱地点和具体的数目，她才会认账。不过，我们就是喜欢这样的娜娜，给我们带来很多欢乐。

昕昕是水瓶座，水瓶座代表的是生命周期的第十一个阶段——70岁到77岁，性格好比一个人逐渐脱离俗世的生活，像个孩子般返老还童，充满奇思异想，却同时拥有深具智能的人生观。喜悦是水瓶座性格中最重要的一部份，所以昕昕无论遇到什么事情，都会往好的方面想。水瓶座需要的是更大的自由空间来发挥想象力，而且受到的限制是越少越好。基本上，他们一向以开放的态度来面对人生，渴望快乐和别人的了解。我们《快乐大本营》里有一个"啊啊啊啊"这个环节，似乎就是为昕昕专门设置的，因为水瓶座是理想主义的倡导者，十分重视科学和宇宙的真理。

但我觉得星座之说，全凭个人兴趣，正所谓仁者乐山，智者乐水。更多的时候，身处谜中去猜谜，只会更加迷雾重重。多数时候，我们更应该从中跳出来，再去审视自己，审视别人。例如海涛，海涛还年轻，有年轻人的激情，也有年轻人的冲动，在他这个年龄段是可以的，我也希望大家能够多理解。吃一堑长一智是成熟，借一堑长一智是智慧。我希望不仅是我或者海涛都能做到"借一堑长一智"，让自己多走捷径，少走弯路。想做佛门龙像，先做众生牛马。不要以为成功的人就没有经历过艰难困苦，也不要以为失败的人就会永远失败。时刻保持一颗聪敏的心，不让自己沉沦，不让自己迷失，幸运女神才不会与你擦肩而过。

# 第一主持天团

　　《爸爸去哪儿》这个节目最近人气很高，前几天，湘湘陪老公王导还有王诗龄来参加《快乐大本营》的时候，不禁感慨万分："1997年第一次主持大本营，今天带着刚刚满四岁的小妞又登上这个熟悉的舞台……十六年了！时间过得太快了……是怎样的缘分让我们成为想分也分不开的快乐一家人，我爱你们！"

　　从湘湘和何老师，到何李之争，再到现在的快乐家族，《快乐大本营》确实经历了很多很多，有时候感觉，《快乐大本营》就是一部痛并快乐着的历史，引人笑，引人哭，让人欲罢不能。

　　"我们是快乐家族！"每次《快乐大本营》节目开始的时候，我们五个人都会这样说，现在，"快乐家族"已经成了我们的标签，我们不仅每个星期都会和观众见面，而且还有了自己的唱片、自己的电影。我相信，在电视界和年轻观众的心中，"快乐家族"是一个非常熟悉的名字。有人给我们封了很高的头衔，"中国第一主持天团""收视第一天团""中国第一歌唱跨界主持天团"，这些都是观众朋友们对我们的肯定。

　　我们五个人就像是一只手上的五根手指，少了谁都会让效率降低很多。我们五个人就像亲人，骨肉相连，心贴心，而"快乐家族"里的每一位成员，都成为了我快乐的一家人。

　　"快乐家族"的成立是在 2006 年。这一年，不管是对《快乐大本营》这个节目和全国的观众来说，还是对今天"快乐家族"的每一个成员来说，都是不同凡响的一年。因为在这一年，《快乐大本营》迎来了两个新成员：小眼睛海涛和小可爱吴昕，从此，"快乐家族"成为湖南第一个主持团体。

　　在大多数人眼里，海涛和吴昕属于一夜成名的幸运儿，一上来就有那么好的平台，那么高的起点，实在是太幸运了！但是，刚开始的时候，我和娜娜对他们两个人的加入并没有什么感觉，甚至还有点不舒服：为什么要把我和娜娜撇下，而去选择他们？我和娜娜觉得不公平。我们坐在旁边看着他们主持，感觉好奇怪。还好，节目组最后又把我和娜娜留下了，这真的让我们有点"劫后余生"的感觉。

　　我们五个人刚开始一起主持节目的时候，私下并没有什么交流，各自录完就走了。吴昕和海涛在《闪亮新主播》选拔赛中表现得很优秀，但当我们五个人在一起主持节目的时候，他们还是显得有些拘谨，在节目里根本不怎么说话，好像很多余。也许，这种好运还有另外一个名字——"折杀"。前一天还是《快乐大本营》亿万观众的一分子，后一天突然就拿起了麦克风，登上了舞台，和经验老道的主持人，甚至是曾经的偶像同台竞技，他们一时有些手足无措。就像当年把我调到李湘和何老师之间一样，我也有些不适应，在平衡的一男一女的主持人之间，很难找到自己的位置。但是那时只有三个主持人，现在突然增加到五个，没有时间培训，没有时间定位，人往大本营的舞台上一站，没有脚本，场面瞬息万变。

一年之后，我们举办了一次恳谈会，大家纷纷讲出自己的心情和对节目的建议，我们才知道他们有多难。

吴昕说："每次上台都好紧张，一年多了，还是觉得何老师、维嘉哥、娜姐的光芒好强大，站在旁边很恍惚，就像一场梦。每次录完节目，龙梅姐都会找我们谈心，告诉我们应该注意哪里，怎么抓到重点。可是每次到台上就头脑一片空白。录完节目，何老师总是拖我们去吃宵夜，我们总是说不饿，其实是没脸去。录完节目我和海涛最沮丧，我俩往宿舍走着，数着自己今天说了五句话，四句不在点上，真对不起大家。"

海涛说："每次开场前，我都要去洗手间很久，其实我不是去上厕所。是看何老师、嘉哥、娜姐都不看流程就能记得很清楚，我也不好意思当着大家看，觉得很丢脸，可是我又很没底，只好躲到洗手间偷偷看。一边看一边觉得自己很没用。每次录节目时，就觉得天啊，噩梦来了！"

当一个工作变成了噩梦，怎么能做好呢？还好，随着时间的推移，大家慢慢敞开了心扉，他们俩不仅在舞台上表现得越来越松弛，和我们之间的配合也越来越默契，彼此之间的感情也越来越深，我们成为了真正的"快乐"一家人。

　　其实，他们刚来大本营的时候，是大本营最难的时候。其实是他们的到来，让娱乐节目有了"主持群"的概念，《快乐大本营》才有了年轻和活力，才有了新的定位和风貌。是他们的自然和勇气，让大本营迎来了第二次火爆期，而且一直火爆到现在。现在的"快乐家族"，每个人都找到了自己的定位：何老师主控全场；娜姐负责装疯卖傻搞气氛；我负责幽默、损人、冷笑话；昕昕是英语控、可爱风；海涛是装傻、爱哭、花心。

　　有一天，我对何老师说："我特别爱海涛和吴昕，特别爱他们。"他想了想，说他也是。我们为他们的成长开心，为他们的流言蜚语气愤，为他们的美中不足辩解，为他们的难过伤心。我们甚至住在同一个小区的同一个单元，楼上楼下。生活中的交集多了，分享的事情也就多了，各自的糗事也都知道了。就这么风风雨雨，我们陪伴着大家走过了这么多年，有泪水，也有笑声，但是我们希望能够在每周的周六晚间继续给大家带来新的感觉。

　　这就是我们"快乐家族"的成长。用"快乐一家人"来形容我们真的是非常贴切，因为我们中的每一位都非常快乐，快乐地工作、快乐地生活、快乐地爱自己和爱他人，这和我们《快乐大本营》节目所宣扬的宗旨是一样的：快乐不假，你懂的呀，还有什么会放不下；世界很大，还去哪里呀，快乐就在我们脚下，出发！

# 快乐的馈赠

《快乐到家》是"快乐家族"出演的一部电影，算是一部充满喜剧色彩的温馨片。很难得我们五个人终于可以凑在一起拍这样一部电影。当时我曾说过，如果票房能过3亿，我就扮成影片中酷似人妖的女人游街。票房停止在了1.6亿，有些小失落，但也侥幸得略过了我曾夸下的海口，不过其实剧中已经有我扮人妖的镜头了。

影片的剧情主要围绕一只狗狗，各路人马出于各自不同的原因都想找到它。剧中何老师演的是一个卡通人物，很有爱心，而我演的其实就是泰国的人妖，但是在中国我们不说是人妖。画面出来后很多人都说我的扮相很雷人，但是还是感觉我演得很好。

我只是尽职尽责演好这一个角色，工作没有好坏，角色也没有好坏，而我要做的就是投入热情，全身心地把角色演好。在任何一个舞台上都是一样，没有平凡的工作，只有平庸的态度。如果我们努力工作，我相信，工作和事业也会加倍回报你。

我把人生中的每一次机会都看作是上天的一份馈赠，我要做的就是

珍惜它，然后燃起斗志，把它完成好。我不是机会主义者，而是实事求是的执行者。

人生就像驾驶在大海中航行的船一样，你不知道下一个转角是风平浪静还是波涛汹涌，所以每时每刻你都要做的就是掌好舵，先知先觉，不管下个转角会发生什么，都能够从容面对。机会只留给有准备的人，而我就要做时时刻刻准备好迎接机遇和挑战的那个人，我想，在《快乐到家》中，我做到了。

Chapter...05

# 辣妈赵薇

　　提起赵薇，你脑海首先浮现的一定是那个扎着小辫子、转着大眼珠、古灵精怪的"还珠格格"。的确，赵薇饰演的"小燕子"形象已经深入人心。如今，多年过去了，当年的"小燕子"褪去了青涩，摇身一变，成了时尚辣妈。最让人惊叹的是，她还成功转型成为了一名导演，这真的不得不令我刮目相看。

　　第一次见到赵薇时，我们都还不是"明星"。那时《还珠格格》在台湾首映，引发了热烈的反响。鉴于这部电视剧是由湖南经视和台湾某传媒公司联合制作的，台长便盛情邀请赵薇参加湖南卫视的王牌综艺节目——《幸运97》。由于《还珠格格》还没有在内地播出，她在公众眼中只是一名普通的北京电影学院学生。而我，不过是一个不起眼的小剧务。

　　我见到赵薇时，对她最直观的印象就是——活泼、随性。当天赵薇穿了一件格子的收身衬衣，梳着披肩长发，两只大眼睛里满是对节目的好奇和期待。让我印象最深刻的，就是她脸上永远挂着"小燕子"般阳光的笑容，对所有人都非常友善，尤其对我这个小剧务。因此，我对这个女孩儿的好感倍增。每当在忙碌的工作间隙中看到她灿烂的笑容，我就会感到疲惫全消，非常快乐。

于是那天我也做了一回"追星族"，有事没事就跑去帮她端个茶送个水，不时地关心问候两句，还在节目直播之前专程跑去预祝她有上佳的表现。

那时的赵薇还只是一个涉世未深的女孩子，率真的天性在节目中展露无疑，也为节目增色不少。于是，《还珠格格》还没上映，湖南的观众朋友们已经深深地喜欢上了这个天真烂漫的女孩儿。那天节目刚结束，我就看到赵薇压抑不住内心的激动，迫不及待地给家人、朋友打电话，告诉他们这个节目多么有趣，她表现多么好，还不忘炫耀自己赢得了一台 VCD。语气里面满满都是快乐。幸运的是，当晚节目组又安排我送赵薇回酒店。我本着"送佛送到西"的原则，一直帮她把 VCD 搬到了酒店房间门口。不过当时的我还很瘦弱，一路走过去难免有些气喘吁吁。赵薇看到了觉得非常过意不去，一个劲儿地跟我致谢。我赶忙爽快地告诉她："没事，这是我们应该做的！"

初次见面，赵薇就给我留下了深刻而美好的印象。后来的一次采访中我才发觉，原来我这个"瘦弱的小剧务"竟也让她印象深刻。那时我已经是湖南经视《时尚传播》的主持人了，台里安排我去采访《还珠格格 II》的剧组。我们俩就这么在片场重逢了。赵薇看到我，一眼就认出了我，还主动上前来打招呼："你是湖南台的剧务吧？你怎么在这儿？"

我很惊讶地望着她："你还记得我？现在我已经是主持人了！"

赵薇高兴地说道："恭喜你！你采访我吗？"

就这样，我们俩熟稔地攀谈了起来，因此这次采访非常顺利。采访结束后，快乐的"小燕子"还专程把苏有朋、周杰、林心如等演员介绍给我，让我的这次工作完成得更加出色。看着在片场飞来飞去的"小燕子"，我由衷地说道："这样热心的女孩子一定会大受欢迎！"

我们的不解之缘还远不止如此。《还珠格格》播出后一炮而红，赵薇也成为了亚洲巨星。随着她的人气越来越高，我们碰面的机会也随之多了起来。在参加某期《快乐大本营》时，我的"特搜任务"又与赵薇有关——去寻找她中学时代的恩师。在这次任务中我有幸了解到她的成长经历和幸福家庭，感觉与她更近了一步。那期节目中，赵薇一直以笑容示人，然而看到突然出现在舞台上的恩师，她忍不住泪流满面，送上了最真诚的拥抱。这份深厚的师徒情谊令在场的不少人纷纷动容。

2007 年在上海某个化妆品发布会上再见赵薇，她已经变得稳重而优雅。一席白裙将她的气质衬托到了极致，再没有"小燕子"的半点儿影子。但我相信，小燕子身上那种真实快乐的基因会永远伴随着她，并与她一起越飞越高！

# 帅姐柯蓝

在演艺圈里，柯蓝是我最好的朋友之一。2013年，我们经常见面。每次一见面一定会聊很久，聊着聊着，我就突然后知后觉地发现：原来我们已经认识这么多年了！

早在念高中的时候，我就已经是 Channel[V] 音乐节目的忠实粉丝了。那时候的我为柯蓝无拘无束、随意洒脱的主持风格而倾倒，还曾对身边的朋友说："天哪，太让人不可思议了，节目还可以这样主持！如果有一天我也能像她这样主持节目就好了。"

柯蓝主持节目随意到什么程度呢？我记得她曾经背着书包上过《拉风工场》的节目。当时的我还觉得挺不可思议："从没见过主持人背着包上镜的！"

柯蓝在节目中泰然处之，大方地解释道："我今天迟到了，什么准备工作也没做，连背包都来不及放下就上来主持节目了，请大家原谅！"看着柯蓝一副无辜而又真诚的表情，我想观众一定和我是一样的想法："主持人背着背包上节目，这个台的领导是有多开明！"

这就是我对柯蓝最初的印象。从此，我对这个洒脱而个性的女孩有了一种特殊的好感。她的主持风格对我也产生了很大影响。最出乎意料的是，后来我竟然和自己的偶像成为了好朋友！

　　几年后，我成了湖南经济电视台的节目主持人。有一天，下班刚到家，我的手机突然就响了。接起来以后，就听到龙丹妮在电话那头说："有一个嘉宾，叫柯蓝，你去接一下吧。"当时我的大脑皮层一阵发麻，心里大喜："柯蓝！"虽然跟偶像见面的念头从不曾压下过，但机会骤然从天而降，我简直激动得不能自已。

　　当时柯蓝受台里邀请，作为嘉宾来湖南卫视参加一档综艺节目。拍摄间隙，她想到长沙的酒吧转转，于是就来问我："嗨，愿不愿意充当一下我的向导？"我佯装镇定地表示乐意之至，其实心里早就乐开了花——我太愿意了！能当"心仪已久"的柯蓝的向导，我求之不得啊！机缘巧合，当时我正好在做一个酒吧的专题节目，所以对长沙市的酒吧可谓是了如指掌。

　　我们俩约好半小时之后在她所住酒店的大堂见面。尽管这时我们还不相熟，但柯蓝友善的态度和亲切的交流方式瞬间就让我放下了紧张的心情。拘谨散去，气氛一下子变得轻松、和谐起来。我终于发现柯蓝的主持风格之所以格外受大众欢迎，大概就在于她的真实。无论是看她的节目还是跟她相处，都一样让人生发出亲切感，觉得身心放松。唯一让我不爽的一点就是她的身高——站在这位身材高挑的大姐旁边，我的自尊心委实受挫……当晚在我的带领下，柯蓝、蒋同庆（Channel[V]的另一位 VJ）、龙丹妮和我纵情感受了一下长沙酒吧街的风情，四个人像很久没见的老朋友一样喝酒、聊天，着实酣畅淋漓了一把。

自那以后，我和柯蓝变渐渐熟悉起来。相处中我慢慢发现，柯蓝一如我想象之中，永远都是那样热情大方、率性真诚。她会热情地帮不相识的朋友穿针引线，一顿饭的工夫就能让大家称兄道弟；兴致来了她会通宵玩闹，有一次和朱桦一起声情并茂地"大话娱乐圈"直到凌晨；她还无所顾忌，居然公然带着一帮娱乐公众人物沿着北京的三里屯玩游戏！在我眼中，她的洒脱犹如一个传奇！

我特别喜欢"羽泉"的那首《彩虹》："爱了就别伪装，迷失了也别彷徨，不管未来怎样，你都要保持坚强，如果明天你的心，依然还在流浪，我愿意承受这份爱，陪着你打造一片天地……"因为这首歌总是把我带回2001年情人节的那个夜晚。

那天，何老师、王菁、柯蓝，还有我，齐聚在柯蓝的家中聊天，气氛浓烈，连柯蓝家的小狗飞飞都忍不住卧在一旁凑热闹。我们一群人一直从日暮聊到凌晨，那种无拘无束和畅所欲言的轻松感到现在都让我难以忘怀。那天晚上，何老师、丹妮、柯蓝和我都有些伤感，因为大家都觉得工作和生活有不少压力。尤其是我和丹妮，那段时间我们都遇到了工作瓶颈，正是迷茫失措的时候。这时，何老师和柯蓝便拿他们自己的一些经历和我们分享，尤其是他们一些失败的教训，积极地帮助我俩做出选择。

当时，柯蓝说了一句话让我至今都难以忘怀，她说："任何时候，记得告诉别人——嗨，我存在！""嗨，我存在！"简单的4个字，代表着柯蓝处事为人的态度，她是一个需要证明自己的人。其实我们每个人也是这样，希望证明自己，希望被人认可。就是这四个字，每当我情绪低落、意志消沉时，都会跳到我的脑海中不断地激励我。经常这么对自己说之后，我发觉自己似乎真的在一点点地改变。后来这句话几乎成了我们所有人之间的默契，每次见到柯蓝，大家都会不约而同地大声说："嗨，我存在！"

因为她的率性和真诚，柯蓝在每个朋友的心里都有着重要的位置。有一次我们这帮朋友实在是太想念她了。知道她在上海拍戏之后，竟然各自编出理由请假飞去上海探班。一帮人的突然出现给她了一份大大的惊喜和感动。看到我们的身影之后，明明感动得要命，她还嘴上逞强，故作平静地说："我就知道你们肯定会来！走，'钱柜'去！"

然而当我们在"钱柜"酣畅淋漓地唱着她喜欢的那些歌时，她红了眼睛，带着一点儿不自觉的哽咽说："是谁叫你们来'捯饬'（东北话，折腾的意思）我的感情的？"这时，我们一齐做了一个打招呼的姿势，默契地喊道："嗨，我存在！"

# 明星也怕辣

　　1998年4月18日，这对于我来说是个特别的日子，甚至永生难忘。那天，我第一次上镜，做的第一期节目播出。

　　想想第一次上镜，再想想当时接待艺人的状况，不禁感慨万千。瞿颖、胡兵、陈明、戴娆等十几个嘉宾都由我负责，衣食住行等都是我亲力亲为的。你们现在都是我非常好的朋友，所以不要怪我在这里小小地吐槽一下哦！

　　陈明当时想吃萝卜干炒腊肉，我就去帮她炒。大家都知道，湖南人做菜是要放辣椒的。结果炒完之后端给她，她说不能吃辣的，然后我就去重炒。

　　第二次，除了正常的作料，我还是忍不住放了一点点辣椒。陈明尝了一下说还是辣，又特意强调了一下，不能放辣椒。

　　第三次，我规规矩矩地没放一点儿辣椒。但陈明吃了一口说还是有辣味。

　　我实在是没有办法了，我这个绝对比"巧妇难为无米之炊"还为难。当时我就在想，一定是因为湖南人炒菜一直是放辣椒的，所以那个锅其实就是辣的。

言归正传，我接待的这些明星，他们待我都非常好。他们当时觉得，这家电视台太洋气了，连接待的人都是阳光少年（绝不是我自恋），不但普通话说得好，待人接物也到位。他们都说我是见过世面的。我心想那当然，当时伯父就已经带我全国旅游过了。

那时，他们天天去制片人那里给我写表扬信，还经常送我礼物。现在想想，正是因为有这些贵人的帮助，我才有了第一次上镜的机会，以后才会不断地有机会。

读万卷书，不如行万里路；行万里路，不如阅人无数；阅人无数，不如贵人指路。感谢生命中的贵人，是你们让我快速成长，并且少走了很多弯路。

# 湖湘人的热情

　　长沙，我的家乡，这是一座历史名城。长沙有很多著名的景点：岳麓山、橘子洲头、岳麓书院、马王堆、汉墓等，这些景点足可以让你了解到湖湘文化的博大精深。

　　但如果你要到长沙来游玩，除了这些名胜古迹之外，还有一道长沙小吃你一定不能错过。

　　湖南有名气的小吃非常多，臭豆腐、米粉、刮凉粉等，都是有百年历史的小吃。而我要推荐的这道小吃，你一定在湖南的许多电视节目中听过，这就是大名鼎鼎的口味虾。

　　口味虾在北方叫作"小龙虾"。最初生长在一些水塘里，人们很少把它当作桌上的菜肴。后来，不知是谁做了第一个吃虾的人，再经过许多厨艺高手不断探讨它的烹制方法，它就成了今天大名鼎鼎的"口味虾"。

　　口味虾的独特之处就在于它奇辣无比。烹制的大致方法是将洗净的虾在葱、姜、蒜、干辣椒、八角茴等各种调料的浓汤中煮上一段时间，让味道完全浸入到虾肉里，然后即可食用。别看它的烹制方法简单，但想吸引到更多的食客来吃，各家口味虾店需要使出不同的招数。

看到这儿，那些不爱吃辣的朋友可能会望而却步。不要担心，只要你肯尝上一只，保准你还会想吃第二只、第三只……因为我曾经亲眼见证过很多从不吃辣的朋友是如何比我更爱吃口味虾的。口味虾的魅力实在是令人无法抵挡。

因为口味虾以辣出名，所以如果你有机会来长沙，一定会在街头夜市看到很多灯箱上写着："辣得叫"、"辣不怕"、"不辣不要钱"、"世界第一辣"……没错，这全是经营口味虾的大排档或小吃店。而每家店都是人头攒动，火爆异常。

很多外地的朋友看到这种吃虾的场面，都觉得有些不可思议：这小龙虾怎么会有如此大的吸引力？确实，小龙虾可吃的部分少之又少，除了那两只大钳子里和尾部的一丁点肉，其他部位的东西都不能吃，但想方设法吃到这一点点的肉恐怕就是吃口味虾最大的乐趣吧。

另外，口味虾的名声可以说是和湖南电视的名声一起辐射扩散的。这样比喻虽说有些不太恰当，但它的火爆和声名远扬真的和媒体的宣传分不开。

大家都知道，湖南的综艺节目非常火爆，一到周末，各路明星都会在湖南各大媒体纷纷亮相。这些明星少不了要走马观花地了解一下长沙的风土人情，而我们各大电视台的接待人员十分有心，自然不会遗忘"吃口味虾"这一观光项目。

有时候，何炅和我在节目结束之后也会充当一下导游的角色，带客人们去吃吃小吃，饭桌上我们绝对不会忘了把口味虾推荐给大家。在介绍烹制过程、演示吃法等一系列过程中，明星和我们之间也就多了一层了解，口味虾迅速变成我和朋友们之间友谊的纽带。

在我的这些明星朋友中，戴军和朱桦是最爱吃口味虾的两个人。

戴军是我见过的最爱吃口味虾并且最热心推广口味虾的一个。他一个人就能吃光好多份口味虾，而且还和口味虾店的老板非常熟悉。他经常来湖南，以至于我们在提议去吃口味虾的时候，何炅和我会不约而同地问："戴老板，今天我们去哪家吃？"戴军绝对不会愧对这个称呼，于是一群人风尘仆仆地在他的带领下七拐八拐找到一个排档，狂吃一顿，直到虾壳满地，才肯离去。

朱桦则是我见过的吃口味虾最为执着的一位。好多第一次吃口味虾的人多少会因为其味道太过辛辣而不敢多吃，而朱桦第一次吃虾恐怕就破了个纪录。我清楚地记得这样一幅画面：她坐在我对面噘着两片在剧辣刺激下肿得像两根香肠一样的嘴唇，对着手里的一只口味虾说："小虾，走着瞧！"见过此景，你绝对不会将眼前的这个朱桦和在舞台上那个柔情似水的朱桦联系起来。

2013年，因为《百变大咖秀》的缘故，朱桦和戴军来湖南的机会又多了，所以，我们的口味虾行动也多了起来。我和戴军经常作为同期节目嘉宾，每次录完节目后，我俩都会找家店吃个痛快。

"口味虾"越来越火，我们甚至开玩笑说："可以把长沙的吉祥物定为一只被卡通化的口味虾。"由此可见口味虾在长沙人心目中的位置。也许北京的朋友会说，我们簋街的小龙虾这两年也很火爆。不怕不识货，就怕货比货，你们不妨来长沙感受下什么才是真正的"口味虾"。

或许若干年后，口味虾也会成为长沙的传统小吃，也会在湖湘饮食文化中占有一席之地，因为它一直在散发着湖南人火辣辣的热情。

# 坚持"半糖主义"

现在的年轻人可比我们那时候要疯狂得多，追星也是如此。每每想到粉丝的疯狂举动，我就会想起当年追刘德华的那个女孩，是多么疯狂的崇拜才让她到了如此盲目的地步啊？我记得何老师好像也曾遭遇过这样痴迷的粉丝。这难道也是艺人不得不承受的考验吗？

对于追星这件事，我并不是要提出批判。相反，我觉得追星其实是一件很励志的事儿。偶像是什么？那也是我们内心向往的一个目标，偶像完全可以成为一个人努力学习和工作的动力。只是，过了一个度之后，好事也变坏事了。所以，不要为追星而追星，更不能因为追星而影响了自己的生活。

我其实也是一个粉丝，像吴奇隆、刘德华等都是我小时候的偶像，但我几乎不会去追星。从这一点上就可以看出，我是一个比较理智的人，你也可以认为我比较自恋。多年以后，当我有幸作为一位知名主持人与两位偶像面对面交流时，我内心的小激动也是外人难以看出的。当他们两个指着我说"你跟我长得好像时"，我也是在心里默默地说："谢谢偶像带给我的力量！"

记得我人生中拿到的第一个明星签名是郭富城的。当时我在电台工

作，郭富城来开演唱会，我们电台被指定为采访媒体，于是我有幸见到了他。他在他的帽子上签了个名，然后送给了我。郭富城当时非常火，我也很喜欢他，但我并没有因此兴奋地忘乎所以。

我就是一个比较冷静的人，对偶像的喜欢都是默默的。我不会刻意去追星，但他们确实是我成长的动力，是我行动的目标。

人生就是这么奇妙！人与人之间没有什么太大的不同，却拉开了粉丝与偶像彼此之间的巨大差异。其实，某个人只是在某一方面或者某个阶段比较优秀。你可以喜欢，也可以崇拜，但一定不能因此失去自我，更不能扰乱了自己的生活。

我认为追星应该坚持"半糖主义"：不要太黏，不要太甜，还要保持一点距离。这原本是我对粉丝们的期望，而他们也的确没有让我失望。

和我一样，我的粉丝们相对也都比较理智。每次有什么事情，他们都是和我的经纪人沟通。即便是想见我、和我拍照，他们也都是先征询我的意见，不会贸然地来打扰我。

就连每次《快乐大本营》节目入场时，很多人都会尖叫"何老师"、"娜娜"，但很少有人会叫我。也许有的人会问：这样你不会觉得失落吗？一点儿都不会！相反，我很感谢他们。何老师都会半开玩笑地说："你的粉丝真的是非常冷静，他们不是小朋友，他们真的懂你。"

我从不觉得这是粉丝对我的冷淡，我反而欣赏他们的冷静。这就是我所坚持的追星的"半糖主义"。

要知道，任何热情都有消失的可能，粉丝对明星的追捧也一样。我不是不需要他们的崇拜和喜爱，相反，我很担心他们有一天会不喜欢我。

我们"快乐家族"每周都在屏幕上曝光一次，大家不烦我们已经很不错了，要再和大家保持亲密接触，估计我们和粉丝们都会受不了。有段时间，我做的是周一到周五的黄金档节目，每天只要打开电视机就能看到我。那时，最让我感到忧虑的不是我主持得好不好，而是大家会不会烦我。

还好，粉丝们一直都很包容我。他们懂我，了解我的个性，也非常爱我。他们送给我的礼物都是用很长时间做出来的，比如把我的头像绣成十字绣。这要下很大的功夫才能绣好，这真的让我很感动。

其实，只要他们喜欢我就够了，我不奢求所有人都会喜欢我。就像我出书一样，只要喜欢我、懂我的人能和我一起分享就足够了。

感谢那些一直追随着我的粉丝，因为有了你们，我才能每次出现在舞台上时都充满动力并神采奕奕。因为有了你们，我所做的一切才更有意义！

# 都是鼻子惹的祸

熟悉我的人都知道，鼻子是我脸部的"地标性建筑"，不但成为大家细述的爆点，更成了我们主持节目中的桥段。娜姐经常毫不顾忌的在收视率极高的《快乐大本营》舞台上说我最擅长扮演的影视角色就是《射雕英雄传》里的"雕"，何老师、海涛他们也跟着起哄架秧，称我"雕兄"，这个头衔已经被他们叫得屡试不爽，甚至堪比"嘉爷"的地位。

记得有一次录徐若瑄的节目，娜娜一本正经地告诉她我的鼻子是假的，结果她信以为真，一个劲儿地追问我是在哪里整的容。尽管我告诉她我的鼻子纯属原装，可她最后走的时候眼神还一直瞄着我的鼻子，令我尴尬不已！

不仅主持人喜欢拿我开涮，就连嘉宾也一样，一有模仿秀就会笑着逼我学刘德华，真是让人头疼不已！可是谁让我长了一只"勾人"的鼻子呢！

我这标志性的鹰钩鼻在主持界确实是太招摇，太抢眼，有时让我自己都感觉着实不好意思。就连记者采访许多明星对我的印象时，他们也都会狠狠地、不约而同地直指我那欺霜傲雪的大鼻子。

现在又太流行整容，所以就又有谣言说我的鼻子是整容的。看到这样的新闻，我真的是无比愤怒！天地可鉴，这可实在是太冤枉人了，我这鼻子的确是天生的，货真价实的，绝没有动过刀子！我可是很爱惜自己身体的！

尽管鼻子让我遭遇许多尴尬事，可是每次在化妆间的时候，我依然不会忘记叮嘱化妆师一定要把我的鼻子化得好看一点，因为这就是我的招牌！

不过我一点也没有因为这只鼻子感到气恼，反而要感谢我的鼻子。它就像是我独一无二的形象招牌，因为它的特别，所以见过我的人都会对我印象特别深刻，使我不会被淹没在人群中。

其实，我这独具气质的高鼻，还多亏了父亲的优良基因。在很小的时候，我就经常被人误以为是混血儿。允许我小小自恋一下，从专业的审美角度看，我的鼻子是典型的鹰钩鼻，鼻尖过长过垂，完全不符合鼻子的审美标准，可偏偏又那么勾人。

上高中时，我的初恋女友就是因为喜欢我的鼻子而喜欢上单纯的我；考浙江广播电视大学的时候，考官最先记住的也是我的鹰钩鼻；应聘主持人时，领导最先记住的还是我的鹰钩鼻；代言产品，商家最感兴趣的依然是我的鹰钩鼻。

我不得不承认，我的鼻子确实给我带来了太多的好运，有时甚至改变了自己的命运。

2006年年初，我和谢娜在铁三角PK战中原本要离开舞台，这让我们俩极其不舍。在一场情景短剧中，我和谢娜扮演了两个小丑，我因鼻子高被装扮成小丑的模样。我们配合着何老师和新主持人，在舞台上尽情地挥洒自己的喜剧天分和艺术才华。

而正是这一场表演，获得了那场节目的最高收视点，所有人都记住了我的卖力表演，也记住了我为之付出的鼻子。于是，我再一次被留在舞台上。

时至今日，粉丝越来越多，可我依然都不会把自己当名人。在舞台下，背台本我最积极，接待明星我最积极，就连后期的同事太忙时，我还会重操旧业，剪辑节目内容。也正是在我这不经意的付出与努力中，同事们被我"笼络"了，观众们被我"收买"了，粉丝们被我"勾引"了。不过这都是我一步一个脚印奋斗出来的，因为我一直坚信，有付出才可能有回报，不付出的话永远也不会有回报！

生活就是这样，有烦恼有开心才是圆满的人生。我是一个乐观的人，喜欢每天都能开开心心地度过。熟悉我的朋友一定会细心地发现，我的法令纹很深，但即使我已经有了太多的笑纹，我依然会一直笑下去。

因为我想用我的笑容感染身边的每一个人，希望给他们带来快乐。同时我也希望自己能永远笑着面对一切，即使是在最困难的时候，我也不会放弃，会一直坚持下去。这就是我的人生信条。

# 我的"地盘"听我的

或许是因为天蝎座本来就喜欢若即若离，所以，我总是和粉丝保持距离。另外我也觉得，这是一个艺人应该坚持的原则，艺人的神秘性还是要保持的。

粉丝对明星的追捧，多源于艺人的神秘性和光环。不得不承认，这也是他们喜欢你、崇拜你的原因之一。可是，你一旦跟他们交往过密，让他们走近你的生活，看到你的吃喝拉撒，那些神秘感也就不复存在了。

不是我非要制造这种感觉，而是觉得这是艺人这一职业的必要性。更主要的是，我在节目上与大家的互动已经很多了，所以我希望在生活上可以保留更多属于我自己的空间。就连在微薄上，我都不是很活跃，因为我觉得没必要把什么事情都拿出来和大家分享。

了解我的人都知道，我不太喜欢粉丝打扰我的私人空间。但是，偶尔也会碰见不理智的粉丝。

我每天都会跑步，早就养成了习惯，就像每天都要刷牙洗脸一样，哪天不跑都会感到不舒服。

在买跑步机之前，我一直都是围绕着我们家门口的湖跑。为了不被粉丝认出来，我一般还要武装一番——戴着墨镜和耳机。但群众的眼睛是雪亮的啊，还是有很多人认出我，尤其是周六、周日的时候，我最常听到的一句话就是"终于撞到你了"。

当然，作为一个公众人物，私人空间被打扰也是不可避免的。但我觉得娜娜说得很对——艺人，艺人，就是普通一人儿。说白了，这也就是一个职业，跟其他的职业没有什么两样。不同之处就是职业特性——我们要生活在聚光灯下。

我能够理解粉丝对我们的关注和关心。所以，当我拒绝别人的打扰时，我也会很尊重对方，礼貌地说："不好意思，现在不方便拍。"

不得不承认，这个行业赋予了我们很多光环和荣耀，但同时我们也失去了一些东西。我们的成长就好像真人秀一样，没有一点隐私。就比如娜娜，她的恋爱、婚姻，总是被暴露在公众的视线中。我们真的感谢大家的关心，但也希望大家能够尊重我们的隐私，希望粉丝能给我们一个比较自由的私人"地盘"！

另
一个真实的维嘉

# Chapter...06

# 快乐是一种修行

　　一位富翁开车出门办事。完事后，他心情愉悦，在收费站口交过桥费时，突发奇想，一下子付了六辆车的通行费。这样，紧随其后的五辆车都不用交通行费了。富翁一想到有五位陌生人因为自己这一小小的举动而收获惊喜，心情就更加愉悦了。

　　这则小故事给了我很多启发。赠人玫瑰，手留余香。有时候，我们小小的善心，带给别人的却是大大的温暖，何乐而不为呢？

　　有一次，我出去购物。因为是周末，商业街上人头攒动，热闹异常。突然，我看到一个小偷正在把他的魔爪伸向一个女孩的背包。就在关键时刻，我急中生智，一个箭步冲到那个女孩旁边，连包带人一把搂住她道："嘿，还记得我吗？小学同学！"

　　女孩讶异地看着我，反应了一会儿，道："咦！你是……李维嘉吧？"

　　居然被她认出来了……我见那小偷已经转身走了，连忙说道："对不起，我认错人了！"

　　女孩高兴地说："没关系，我还巴不得有你这样一位小学同学呢！

你能给我签个名吗？"说着，她取下双肩包，拿出纸笔。

我爽快地签完后叮嘱她："背包就背在前面吧！这儿人多手杂的，小心为上。"

她终于反应过来了，不好意思地笑道："你还挺细心的嘛，谢谢。"

告别女孩，我也和故事里的富翁一样，感到无比快乐。

还有一次出差去上海。隔着走道，坐着一对父女。我当时闲着也是无聊，就有意无意地听他们说话。他们好像去上海旅游，小女孩是第一次坐飞机，所以对机舱内的一切都非常好奇，缠着爸爸问这问那。那位父亲很和蔼，耐心地给女儿说明，没有半点敷衍的意思。两人愉快地谈笑着，画面非常温馨。

然而，就在飞机全速滑行准备起飞的一瞬间，安静的机舱里突然响起了手机铃声！大家都知道，手机信号会干扰飞机的导航系统，是非常危险的。

很快，机舱里责骂声此起彼伏：

"怎么这么没素质，不知道坐飞机不能开手机吗？"

"是不是想死啊？想死也别拖着我们呀！"

"还不关机，找死！"

那位父亲手忙脚乱地从行李箱的包里翻出手机，马上关掉，机舱里渐渐恢复了安静。但是，父女俩的好心情却被破坏殆尽，小女孩很懂事，见爸爸情绪低落，也没有再缠着爸爸。

我顿时觉得异常沉闷和压抑。我知道，那位父亲专注于和女儿聊天，一时疏忽才会忘了关手机，但既然事情已经过去了，就不该再闷闷不乐。毕竟，出门旅行应该是开开心心的才对。我当时就想，做点什么吧？可扭头一看，他们都睡着了……于是，我从包里拿出纸笔，决定给他们留一张纸条，上头写了一句话：不要因为一件小事影响了你们的好心情，祝旅途愉快！

我悄悄地把纸条放到那位父亲的手中，然后回到自己的座位上呼呼睡觉。当我醒来的时候，飞机已经快要降落了。我侧头看了看那对父女，他们正看着窗外美丽的夜景愉快地交谈着。真好，他们的心情已经由阴转晴了。不知道是不是我那张纸条所起的作用呢？这么想着，我自己也觉得心情更好了。

我常常告诉自己，要做个有心人。快乐是要自己创造的，懂得体验生活中最微妙的感受，懂得在适当的时候为别人做点什么，懂得成全别人就是成全自己的道理，才能把握每一分快乐。

# 简单并快乐着

　　人总喜欢搞一些复杂的事情，把自己弄得很"高端"。可老子都说："多则惑，少则得。"所以，人生的最高境界不是复杂，而是简单。大道至简，最简单的东西往往是最纯粹的，也是最真实的。

　　著名作家丰子恺说："当一个人意识到一颗钻石比一颗玻璃球更贵重的时候，这个人已经可悲地长大了。"

　　可悲可怕地长大了，这是我们每个人正经历着的。我们追求的越来越多，身份也越来越复杂，而单纯也一点点从我们的生命中消失。但那些单纯的年代才是最值得怀念的，所以现在的我常常想起童年时光，不为别的，只为了那份简单和快乐。

　　小时候的我们总盼望着自己快些长大，但终有一天我们会发现自己当初的想法有多可笑。时光和岁月就是这样的不留情面，总是无时无刻地嘲笑我们过去的天真。但我从不后悔过去的傻气，因为这才是我简单和快乐的证明。

　　回想当初，最让我难忘的，并让我由衷感到快乐的，还是卖冰棍的日子。

我还记得，当时的生意做在了湘江边一个纺织厂的门口。在那里出入的人总会听到这样一段声音："卖冰棍了！卖冰棍了！5分钱一根冰棍了！"一声声叫卖惹得周围小朋友们的心中痒痒的，其实，我的心里也痒痒的。别看当时的我年纪尚小，但已经有了"自食其力、接触社会"的观念。

我批发来几十根冰棍，再一根一根地卖出去。一根冰棍虽然只能赚一两分钱，但每当我从小朋友们手中接过买冰棍的钱时，心里就充满了成就感。

不得不说，幼小心灵是最容易被满足的，所以我们看到孩子才会觉得他们单纯可爱。

其实，所谓的自食其力不过是赚点买零食的钱，但对我来说已经相当满足了。我吃着用自己赚的钱买来的棒棒糖，心里的滋味儿真的比糖还要甜。

现在，我开车偶尔还会经过那个纺织厂，每次路过门口时都会不由自主地减速。当年的纺织厂现在也成了老建筑了，就像北京的鼓楼，被保护起来，成了一个旅游景点。远远望去，三幢鼓楼屹立在那里，透着一种怀旧的、沧桑的、肃穆的美。恍惚间，我仿佛又看到了那个手执冰棍、穿梭来去的少年，那样熟悉，那样亲切！

人生当中总有一些事，每每想起就是快乐。特别是当现实与心底珍藏的美好发生冲突时，你会发现，曾经的简单和快乐是多么的难能可贵。

# 我的青春不叛逆

青春是一道明媚的忧伤，我的好朋友郭敬明如是说。但是我更想说青春是一道璀璨的光芒，将你我的心照亮。

我的青春期没有叛逆，因为我很小的时候就知道哪些事是正确的，哪些事是错误的，然后尽可能去回避错误。也许我当时的思想没有这么成熟，但是我父母却给我树立了很好的榜样。他们从不会勉强我去做什么，更不会对我有太多的挑剔和指责，即便我有些事情做得不对，他们也能给我某种程度的宽容和理解。他们尽量让我按照自己的喜好去生活，给了我比较自由的成长环境，因为没有压迫感，所以我从没想过要叛逆。

年少的时候，我喜欢舞台，喜欢播音，喜欢主持，他们就让我去学了，没有阻拦，更没有给我安排他们想让我走的路。所以，我要感谢我的父母，他们给了我相对比较平稳和快乐的青春期，他们为我成长的每一步都付出了太多，毫无疑问，他们是伟大的。

其实，父母都是伟大的，他们都希望把最好的给孩子，都希望儿女成龙成凤。然后就十八般武艺全都教给孩子或者是让孩子跟老师去学，但

孩子不是泥团，不是想怎么捏，他都能变成最美的。

就像《射雕英雄传》里江南七怪的教学方法一样，他们的教学方法用在郭靖身上是不对的，因为他没有根基，一味地揠苗助长，只会让苗迅速地枯萎。家长要学会引导孩子，就像马钰教郭靖一样，要先把根基打好，再学习其他的功夫就会变得非常简单了。

孩子喜欢什么，如果不是错事，就多加鼓励。我们是孩子的观众，而不是孩子的导演，孩子怎么演，怎么成长，是他们自己选择的，你要做的只是观看，当然也可以提出自己的见解，但是会不会采纳就是孩子自己的事情了。

我的父母在这方面无疑是做得非常好的，他们不会在你走路之前就告诉你该怎么走，而是会引导你，让你去选择。适合的才是最好的，更是孩子的兴趣所在；不适合的强加给孩子，只会让他产生逆反心理，到那时，父母的爱就成了负担，父母安排的路就成了深渊。

父母在教育孩子方面容易走弯路，孩子在成长阶段也容易走弯路。有些孩子会把叛逆当个性，认为叛逆就是特立独行，就高人一等，这是非常错误的想法。因为当你的叛逆的时候，得到的只是表象的快意，等到自己真正明白之后，你就会发现真正的内心空虚了。

凡事过犹不及，不要把无知当个性，更不要把叛逆当个性。在梦想的道路上尽力而为，在阳光灿烂的日子里拔节生长，你的青春才会由你来自主，而你的人生也会因此变得丰富多彩起来。

# 亲亲我的宝贝

大约在十年前，我和何老师在北京海洋馆拍摄过一期节目，不知道《快乐大本营》的观众朋友们还记不记得？当时我们的任务是担任一次海洋动物驯养员，分别驯养海豹和海豚。

在拍摄之前，我们和海洋馆的工作人员进行了交流。据说，海洋馆内的动物都是花巨资引进的，而且还要花费大量的精力来维护它们的生存环境。例如，驯养池的温度要严格控制在 20 摄氏度左右，喂养海豚、海豹的鱼类要每天从国外空运过来，每天要按时给海洋生物们进行体检，等等。

这种贵宾级的待遇，一般人是难以享受到的，想想还真是叫人羡慕啊。然而，这些享受贵宾级待遇的海洋动物却失去了广阔的大海，被关在这个小小的池子里，又是何其不幸！

我们问工作人员："这样对它们，会不会太残忍？"

工作人员说："确实有些残忍，可是只有通过正规的驯养和观测，我们才能研究出更适合它们的生存环境，才能知道如何去改善海洋环境。"

也就是说，海洋馆的那些生物，就像小白鼠一样，是拿来研究用的。

何老师驯养的两只海豚分别叫塔莎和娜拉。刚看到它们时，何老师特别兴奋，当时就要跳下去和它们一起游泳。

驯养员立刻制止他："不行！你下水会破坏水温，影响它们的生活，而且它们会咬你的！"

何老师顿时有些失落，开玩笑地说："好歹我也是小有名气的节目主持人，怎么还没有一只海豚受重视呢？"

驯养员说，她自己就曾被海豚咬伤过，要不是那只海豚嘴下留情，恐怕一条腿就没了。我们都被吓住了，谁也不敢轻举妄动。没想到看起来活泼可爱的海豚也会如此凶猛。

不过，在录制节目的过程中，两只海豚特别听何老师的话。别误会，绝不是何老师技术高。真正的"秘密武器"是挂在驯养员身上的那支超声波哨子！海豚的听觉特别灵敏，只要听到那只超声波哨子发出的指令，就会做出相应的动作，而何老师只不过在前面装模作样指挥罢了。就算这样，他也已经非常满足了，勉强算是过了一把驯养员的瘾吧。

我在节目里担任的是海狮驯养员。工作人员说，海狮看起来笨笨的，非常可爱，但事实上很凶残。他们原本打算让我驯养一头南美海狮的，但又担心它野性尚未被完全驯服，可能会烈性大发，于是就给我换了一头加州海狮，名字叫 Cash。

和南美海狮比起来，加州海狮要温驯得多了。但是，Cash 也不是省油的灯，在

陆地上跑起来居然比人都快！工作人员说，它的双鳍拍击力大得惊人，而且四个巨牙能把岩石咬出四个窟窿！我当时心里就打鼓：要驯服它不容易啊，我能完成任务吗？

我们要拍一个我喂 Cash 吃鱼的镜头。驯养员说："你必须眼疾手快，将鱼抛到空中后，手要立刻撤回来，否则，它会把你的手一起吃掉！"

我一听，顿时吓得脊背冒汗。节目组考虑到安全问题，放弃了这个设想。整个拍摄过程，一种难以释放的紧张感始终缠绕着我。我小心翼翼、勉勉强强拍了一些镜头，其中有一个镜头是 Cash 吻我的脸。它刚刚嚼过鱼，满嘴腥味，弄得我直反胃，现在想起来还心有余悸呢。而且，被它吻过的地方后来一直长青春痘，到现在也没怎么好，这让我感觉有些不可思议。

拍摄花了两个多小时。对我们来说，除了有些紧张之外，其实也没什么。但对于塔莎、娜拉和 Cash 来说，却是相当耗体力的。到后来，我们都不忍心再拍了。

　　离开时，我们轻轻抚摸了塔莎和娜拉的皮肤，以及它们口中那又细又密的牙齿，这应该是我们和它们最亲近的接触吧。

　　它们头上有一块块白色的疤痕。驯养员告诉我们："刚来的时候，因为不适应这里的环境，它们大发脾气，用头撞玻璃缸，流了很多血。这些疤就是那时候留下的。"说完，驯养员转过头去问塔莎和娜拉，"你们现在已经适应这里了，对不对？"两只可爱的海豚似乎听懂了，竟然点头了。

　　真的适应了吗？我们无法了解海豚的真实想法，但我们可以尽自己所能去帮助更多的塔莎、娜拉和 Cash，像珍惜自己的生命一样，善待这些大自然的精灵。

# 我的"兄弟"叫多多

很多朋友都知道，我很喜欢小动物。但以前我对宠物，诸如狗、猫、小鸟什么的毫无兴趣，觉得养宠物是件很麻烦的事。我爸妈也很反对在家养宠物，可能他们觉得，家中有我就已经够乱了，若再添只狗、猫、鸟之类的，家里就要闹翻天了。

不过经过一件事，我对养宠物这件事的看法慢慢发生了转变……

我参加工作以后一直很忙，所以在家里陪父母的时间很少。后来我们又搬了新家，家里忽然大了许多，即使已经往新家添了好多家具，爸妈还是觉得家里太大，人气不够。

于是，家里就有了这样的埋怨声：

"你什么时候能带回来个女朋友，让家里热闹热闹？"

"哎，家里太冷清了，是该再添点人了……"

当然，抱怨归抱怨，他们非常清楚要我这么快带个女朋友回家是不太现实的。恰巧这时，我阿姨家的小狗又新添了小宝宝，于是以前拒绝养宠物的爸妈亲自到阿姨家，在那一窝小狗宝宝中，精挑细选了一只护送回家，精心喂养。

据我妈说，小狗是 1998 年 7 月 28 日出生的，从我妈对它的生日记得如此清楚就能看出我妈对它的关心程度。它在正式入主我们新家的时候，才刚刚一个多月大。

那时，它还是一只没有名字的狗，四条腿短短的，屁股肥肥的，两只眼睛和鼻子像三粒小黑豆似的贴在脸上，样子倒也没什么特别之处，只是忽然家里因为它多了些热闹。我们把它取名为"多多"，从此，它就成了一条有名字的狗了。

说起多多，我满心都是幸福感，但其实我对多多还是心怀歉意的，因为虽然它已经成为了我们家的新成员，但我对它照顾得却很少。它成长的岁月恰好是我最忙的那段日子，清早出门，深夜回家，很少有时间和它相处，它自然也就和我最为生疏。

我深夜回家时，有时会把它弄醒，喂它吃点我带回来的消夜，所以它只熟悉深夜的我。若是白天与它在家中碰面，它一般都不太理睬我，最多只会用冷静的眼光注视着我。可以说，在多多眼里，也许李维嘉有着 AB 两面。或许我都不知道，可是它却明白。

心情好的时候多多会把我送到门口，这时我心中偶尔也会有些莫名的感动和歉意。

这种歉意除了是因为我对它照顾得比较少以外，还源自我原来对宠物的一种误解。最初，我认为宠物就是某种可以被主人任意玩弄的动物，因此，多多刚来我家的那段日子其实是蛮恐怖的，我经常按自己的想法去"取悦"它。

比如说我把它关在音响调到最大的房间让它欣赏音乐，而我却透过玻璃门看它被音乐震得东倒西歪而哈哈大笑；帮它洗完澡后，突发奇想地把它夹在晾衣架上晒太阳，对它因恐高而表现出的痛苦挣扎完全视而不见，却还在为能想出用晾衣架晒狗狗这样的奇妙创意而沾沾自喜。

现在想想，那时的我在多多眼里是多么可怕的恶魔。如果再继续下去的话，我肯定会被动物保护组织控诉的。不过请放心，后来的我绝对不会这样了，我已经知道怎么爱护多多了。

在我们家中，多多和我妈的感情最好。我妈早已退休在家，平时除了做些家务活以外，就是照顾好多多的饮食起居。对于我妈的精心照料，多多唯一可以回报的就是特别听我妈的话，这一点让我妈颇为骄傲。

有时，我们一家三口在家吃饭，我妈就像表演驯狗节目一样把多多呼来唤去，让我爸和我好生嫉妒，而每次轮到我爸和我招呼它的时候，它便会摆出一副不可一世的嘴脸，真让人生气。

渐渐地，看着多多和我爸妈之间的亲密无间，我开始意识到，动物其实都是有灵性的，它们或许比人们更懂得"滴水之恩当涌泉相报"的道理。我妈妈到底对多多有多好，就让我来简单地举个例子吧，而这件事到现在说起来我还有些气愤。

有一天，我下班回家肚子饿得很，打开冰箱发现了最后一根火腿肠，我正准备剥开来吃，这时，我妈从房间冲出来说："这是给多多留的，你自己有手有脚又会说话，你自己出去买嘛！"我还没反应过来，妈妈就把我手中的火腿肠抢了过去，一截截掰断，对多多说："饿了吧？来，过来吃吧！"

当时的我，真的是一头黑线。

天啊！我要再这么沉默下去不起来反抗的话，我这个宝贝儿子的地位迟早会被它抢了去！可仔细想想，我要沦落到同一只小贱狗争宠，那也算是完了！

写到这里，我不由得笑了。你可以说多多是只贱狗，但绝不可以说它是一只普通的贱狗。有时候，我们经常怀疑它究竟是不是只狗。它和它的爸爸、妈妈、爷爷、奶奶，甚至曾祖父、曾祖母竟然没有一点相像的地方，因为它的外形像极了那只名叫"多利"的克隆羊，"多多"、"多利"，或者本来就该有点什么联系吧！

我爸是名建筑工程师，处事为人十分公正和客观。有天，我隔着房门居然听到他对着多多非常诚恳地说："多多，你就承认了吧！你其实是只羊对不对？你不作声那就表示你承认了！"

连我爸这双雪亮的眼睛都有些迷惑了，这就不得不承认它的与众不同了。

为此，我们全家居然还专门开了"研讨会"，经过一番分析后得出结论：可能是我妈在帮它修毛的时候不太专心，一失手，把它剪成了现在这个样子。

在生人面前，多多的表现更让人对它的身份表示怀疑，这回你不会怀疑它是羊了，反倒觉得它是只披着羊皮的狼！因为它"宁可错咬无数，不可放过一个"的战略让人望而生畏！曾被咬过的人有：我爸妈的同事、朋友；送矿泉水、煤气罐的工人；推销产品的销售人员；对面住着的邻居，还有……我。

你绝对没有听错，我真的是被自家养的狗给咬了，真是没天理！那次，我带我的朋友——湖南文体频道的当家小生黄锐先生到我家吃饭，为了拦住多多，不让它咬黄锐，我不幸光荣负伤了！多多居然毫不留情地在我的腿上抓出了两道血痕。

黄锐因此再也不敢来我家，而多多也成了我家客人心中的阴影。所有来我家的客人都会在门口大声问："多多关好了吗？"在确认多多被关好了之后，才能开门让人进来。唉，多多，你究竟是不是一只披着羊皮的狼呢？

还有一件意想不到的事情我必须疯狂吐槽一下：这么凶残的狗狗，居然喜欢吃素。一般的狗喜欢吃的食物它都不怎么爱吃，这样的表现一定会让大家捧腹大笑。这可能要归根于我妈的调教有方了。我妈平时也不怎么吃荤，经常吃水果和蔬菜，于是也就潜移默化的调教出了这条健康狗。真是让人困扰……

后来，多多的地位已经从普通的宠物上升为家庭成员之一，我爸妈经常会说出"一家四口团团圆圆吃个饭"这样的话来。因为它的存在，我家的家庭氛围显得更轻松、更悠闲。而我则要感谢它，在我出差在外的时候它充当了"宝贝儿子"的角色陪伴二老，让他们不觉得孤独。而我自己，也在自己的家里养了好几只狗，可以说，现在小狗们，早已成为了我生命中最重要的亲人。

现在普遍都是独生子女的家庭中，宠物猫和宠物狗成为了家庭情感维系的纽带。现在的年轻人压力大、工作量大，每天的工作时间都不固定，这就导致宠物充当起越来越重要的角色。在我们越来越匆忙的现在，请善待这些小动物，他们是情感的天使，是我们家庭关系维护的纽带。

# 我的那些"花儿"

那片笑声让我想起我的那些花儿，在我生命每个角落静静为我开着，我曾以为我会永远守在她身旁，今天我们已经离去在人海茫茫。她们都老了吧，她们在哪里呀……我们就这样各自奔天涯……

我非常喜欢朴树的这首歌，每次听到这首歌，我都会不由自主想到自己的童年和童年的一些小伙伴，想起那一张张稚嫩纯真的面孔。

我和我的小伙伴们都是一个厂区的，父母也都在一个工厂上班，家又住在一起，所以我们就自然而然地成了形影不离的玩伴。我们的父辈们也都是朋友，随着资历的增加，他们由普通的员工升为了科员、科长以及更高的领导。

因为一起升职，大家又一起搬新房子，于是又住在了同一个单元。所以，爸爸的朋友还是那帮朋友，而我的那些小伙伴也依然没变。这些小伙伴们陪伴了我很多年。

后来，我们各自走向了不同的工作岗位。现在，这些小伙伴

们大多已结婚生子。因为彼此的工作圈、生活圈很不一样，所以联系越来越少了。

不过，每年一次的聚会还是会有的，那就是我爸爸妈妈过生日的时候。可能是父母的年龄大了，人也就变得越发念旧起来，因此他们每年过生日的时候，总喜欢把我们这一群一起长大的朋友都邀请过来。

虽然见了面我们的话不多，聊得最多的还是小时候在一起的一些趣事。但是只要和当年的小伙伴们在一起，我就觉得自己还很年轻，或许是因为我们彼

此的记忆还停留在童年。

虽然我们的工作、生活有了很大的不同，彼此的共同语言似乎也少了，但是，那一份童年情意、少年情怀永远都在。所以，聚在一起的时候，我们总会唱起这首歌：那片笑声让我想起我的那些花儿，在我生命每个角落静静为我开着，我曾以为我会永远守在她身旁，今天我们已经离去在人海茫茫……

生命中有很多过客，离开了就是离开了；生命中也有很多常客，离开了还会再回来。年少时的朋友就像我生命中的成长印记，牢牢地刻在心里，永远不会消失。我生命中的那些花儿繁盛如初，随季节落败绽放，却永远不会消散。

# 初恋的美好

　　说到爱情，就不得不提初恋。在每个人心里，初恋都是无可替代的。那种朦胧、青涩、单纯而又甜蜜的感觉，只有年少时代的我们才能体会到，因而，初恋和青春一样，一去不返，弥足珍贵。

　　我的初恋在前面已经说到过，就是和当时长得酷似温碧霞的"校花"在一起。那是我高中时代最"拉风"的事情之一。现在想来，那会儿的自己确实够勇敢，为了她，我不惜和所有的男生为敌。

　　我们俩的家庭条件都不错，加上我自己在电台也能赚钱，所以我们没有经济压力，想买什么就买什么、想吃什么就吃什么，总之过得相当逍遥。当然，和大多数早恋的小恋人们一样，我们遭到了"王母娘娘"的千般阻挠。我们被发现后，老师把我叫去谈话，什么"上学的时候要专心学习"啦，什么"现在还小不必着急"啦，等等，可谓动之以情、晓之以理。可是我很固执，连表面的敷衍都没有，就是不愿意放弃。

　　老师又给我举例子，说哪一届的谁以前怎么怎么好，后来就是因为早恋，成绩一落千丈，没能考上理想的学校，最后呢，还是分手了。又说，小小年纪，根本就不懂什么是爱情，不如以学业为重……我那时心里就不服气，谁说我不懂？我就是喜欢她！

　　老师见我不为所动，劝我好好想想。我回去想了想，决定要捍卫自己的爱情，压根儿没把老师的话放心上。结果，第二次被叫去谈话的时候，老师就没那么和蔼了，而是严厉地警告我说："学校里就没有谈恋爱这门课！你要是一意孤行，我就告诉你家长！"

　　告诉家长？这是老师们的惯用"伎俩"，我才不怕呢！我那会儿在经济上已经实现了基本"独立"，不住家里，而是在校外租房子住的，所以，退休在家的妈妈根本管不到我。爸爸就更不用说了，他当时在珠海做房地产生意，相隔十万八千里呢。而且，一直以来我都很懂事，没让父母为我操过心，所以他们很信任我，也不会来束缚我。

　　我们沉浸在初恋的美好中，也没有因此影响学习，苦口婆心的老师没辙，只好睁一只眼闭一只眼。然而，当谈到未来时，我们出现了分歧。她有她的憧憬，我有我的追求，这使得我们的共同话题越来越少。而且，如果两个人不能一起奋斗，一起成长，会削弱彼此的存在感，矛盾也就渐渐多了。那时年轻的我们，内心太单纯，承受不起太复杂的感情。

　　最后，尽管父母没有干涉，但那段感情还是以悲剧收场了。我很难过，但痛定思痛，再次出发，反而更加成熟。如今，一切都云淡风轻。偶尔想起她，想起那段青葱懵懂的时光，心里依然有种悸动。相濡以沫不如相忘于江湖。祝福她，也祝福自己，此生能够拥有幸福圆满的人生。

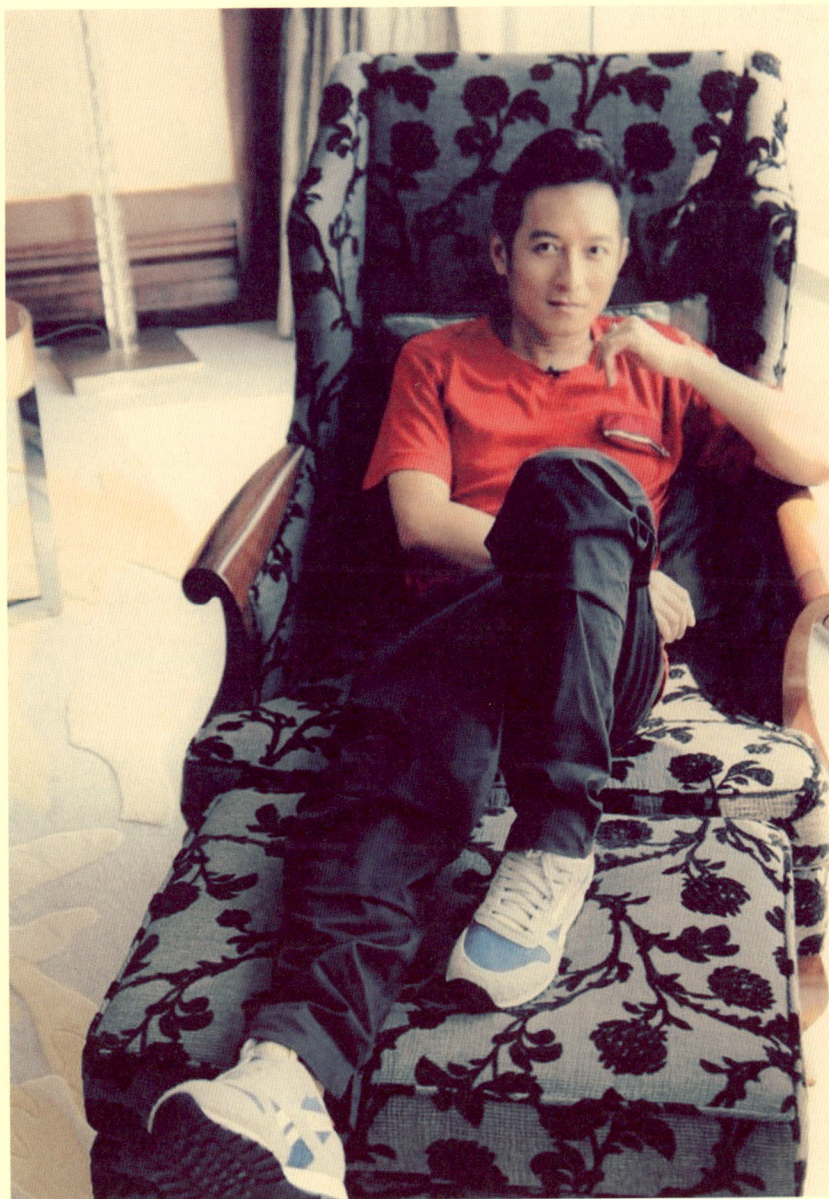

# 爱情没有底线

"喜欢一个人，会卑微到尘埃里，开出一朵花。"这是张爱玲的话，我非常喜欢。6月份的时候，我参加了阿雅主持的《爱呀，幸福男女》，如果你们看过，就一定听到过我说这句话。或许这就是天蝎男与生俱来的特质，每次看到这样的语言，我都会觉得心头一紧。

会爱、懂爱的人，无论是正在爱着，还是曾经爱过，无论爱的方式是怎样的，爱的感受大抵是一样的。对方的一举一动，都牵动着我们最敏感的神经。一滴泪、一句话、一串笑、一个拥抱，让我们或酸涩或幸福。有句话说：和相爱的人在一起，每天都是情人节。就算有一天时过情迁，我们也依然会在她看不见的地方默默守候，卑微如一粒尘埃，不求她回头，只求她幸福、安康。

用现在非常流行的一个词来讲，那就是"贱"。无论我们工作中、生活中是个什么样的形象，但在自己爱的人面前，就会表现得很"贱"。

在那期节目中，阿雅就问我："你会为爱人贱到什么程度？"

我说："无论怎样都可以，没有底线。"

我要的爱情，没有底线；我给的爱情，亦没有底线。不计较、不折腾，也许只是疲倦时的一杯暖心茶，也许只是深夜回家后的一碗热汤面，也许只是两个人一起看一场无聊的电影，总之，不一定轰轰烈烈，但始终纯洁如初。

　　"水至清则无鱼，人至贱则无敌。"这应该是关于"贱"最有名的"格言"。在爱情里，贱就是把爱人宠到让想追求她的人都望而却步，把爱人照顾到再也没人如此无微不至。我在家里就是小男人，和电影《201413》中我饰演的唐睿一样。当初我接剧本的时候，也是因为唐睿这个角色和本色的我很相似。

　　很多男人都不希望自己被说成是"小男人"，因为这个词往往有"没用"的意味，男人会觉得很没有面子。但是，在我的词典里，"小男人"代表的恰恰是一种气度，而非软弱。

　　我始终觉得，两个人在一起，不是为了逞一时之快，而是牵手共度一生。生活就是柴米油盐酱醋茶，难免会有摩擦。作为男人，耐心一点，退让一步，有什么不可以呢？女人通常都比较感性，你的宽容和温柔能让她们尽快冷静下来。她们碍于面子，或许不会承认错误，但却会用实际行动来弥补你。很可爱，对不对？幸福的感觉就像美丽的宝石，是要悉心维护的，如果每次都争得面红耳赤的，日积月累，宝石就会被磨损，变得暗淡无光。

　　更何况，凭良心说，爱人为了你，离开疼爱自己的爸爸妈妈，代你孝敬父母，为你育儿持家，你还有什么可抱怨的呢？有些男人在外面不顺，跑回家来又是抽烟又是骂人，把家当作发泄地、垃圾场，试问，你有没有为爱人想过？她把一生的幸福都押在你身上，你怎么舍得让她输呢？

在《爱呀，幸福男女》中，我说自己是"过来人"，阿雅就笑得有点邪恶。很多艺人都不愿意在公开场合谈感情。就像之前娜娜说的那样，很多问题明明是人家问的，要是你不回答，第二天媒体就会说你遮遮掩掩；要是你回答了，他们又会说你自曝什么什么。总之，这种事情在娱乐圈已经见怪不怪，但就是有那么一些人会去相信。

我已经"被结婚"好几次了，一下子是和吴昕，一下子又是和丹妮，总之，大家的想象力丰富得让我有点哭笑不得。我在内心一直告诫自己：给家人安静的生活，他们不属于这个圈子，所有的流言、绯闻，我来承受就好。

所以，当湘姐把我即将结婚的消息爆出来时，我感到很震惊。那是我的隐私，是我最想保护的。不过，我很快就从不知所措中调整过来。既然已经曝光了，与其再藏着掖着，不如大方承认，希望能得到大家的祝福，而不是"围追堵截"、各种猜测。

我的确有女朋友，而且我们在一起已经七年了，名副其实的爱情长跑。七年，对一个女人来说，意味着她把一生中最美好的年华都给了我。这种深情，任谁都会感动吧？毕竟，女人最美好的七年，一生只有一次，不可复制。

一般说来，我看中的女孩子都是非常抢手的——哈哈，有点夸自己的感觉。不过我的女朋友确实很优秀。当初我追她的时候，可是花了九牛二虎之力。细节这里就不说了，反正是我主动出击，利用一切机会和她套近乎，最后才俘获了芳心。

时光匆匆，七年转眼就过去了。自从主持了《称心如意》之后，我就开始

认真考虑结婚的问题。我觉得是时候承担起作为一个男人的责任了。我们都已见过双方父母，也希望大家能祝福我们。

至于什么时候结婚、新娘是谁，我想暂时保密，因为我不想她受到过多的关注，不想她的生活被打乱。这个圈子太复杂，我只想让爱我的家人远离这些理不清的纷扰，简单快乐地生活，还请大家能谅解。等我们觉得时机成熟，一定会在第一时间让大家知道的！

再

不出发就老了

# Chapter...07

# 泰国不"囧"之旅

　　旅行是我人生中不可或缺的一部分。我可以在旅途中发现不一样的风景，也可能见到很多有故事的人，这些都是我成熟路上不可或缺的因素。网上不知何时盛行起了这样的句子："不去旅游的生活只能叫作生存"，"身体和心灵，总要有一个在路上"。我发现自己就是这些话的忠实践行者。我希望人生的路能够在我的旅途中更加宽阔，生命能够更加丰富多彩。我也希望世界能够处处充满阳光，每个人都能有更多人陪伴。

　　且行且珍惜。

　　人生的第一次是最深刻的，第一次笑，第一次哭，第一次感动，第一次领到薪水……就像他人留给我们的第一印象一样，由于首因效应"作祟"，我们往往觉得第一次做任何事都回味无穷。所以第一次出国的经历就让我格外地"没齿难忘"。

　　1997 年毕业之后，我在湖南经济电视台辛辛苦苦工作了一年。年终总结会上，主任宣布：为了犒劳大家，台领导决定奖励我们参加《幸运97》。理由很简单：它是当时湖南收视率最高的一档综艺节目。

这个奖励绝对足够惊喜，因为——我们要跟着节目组集体出国啦！时值年关，正是所谓"北方人嘚瑟，南方人哆嗦"的季节。而我们此行的目的地恰是气候正宜人的泰国！消息一出，我们几个年轻人就炸开了锅：什么大象，热带雨林，芭提雅……统统等着我们吧！

年终总结会的气氛骤然升腾至沸点，只不过大家总结的都变成了旅行前的装备攻略。也有同事在"合家团圆"和"出国过年"之间难以取舍，不过大部分人的心已经飞到了千里之外的"大象之国"，思绪纷飞，恨不能下一刻就身着夏装漫步在泰国的大街上。更有甚者已经列好了旅行装备采购清单，准备散会之后就去"大出血"一番。（明显有些激动过头，忘记了我们还要经过香港这个购物天堂。）

因为即将要出国旅游，1998年的春节大家过得格外忙碌。一切准备就绪之后，大年初十终于在众人的翘首以盼中来临。当天晚上8点，栏目组的同事们准时集合在长沙火车站的大钟底下，大家谈笑风生，期待和兴奋之情溢于言表。

当时栏目组的剧务是个 20 岁出头的女孩，大家都叫她小刘。在这之前她从未独自出过远门，因此这次出国她的父母特别担心。到了集合那天，小刘背来的行李把众人都吓了一跳——几乎所有的生活必需品都背来了，还没出发，她的行李就已经多到无以复加的地步。颇有点旅行归来的风范。当晚，她的父母千里迢迢来到火车站为她送行，但却只是简简单单说了一句："出门在外要小心！"唉，可怜天下父母心。

就这样，我们开始了期待已久的旅行。

第一站，香港。

说来也巧，到达香港的那天刚好是情人节前夜。这座东方明珠被浪漫的气息缠绕，繁华之余平添了诸多温情。熙熙攘攘的人潮，灯火通明的街道，喧闹非常的夜市，几乎每一处都能点燃我们的热情。入住以后，制片人龙丹妮和我就撇开大部队，迫不及待地约上我们的香港好友阿田（著名影星朱茵的经纪人），开始了"香港夜生活"的初体验。

阿田是个称职的好向导。他知道我们第一次来香港，特地为我们打造了"一夜行"专线。因此时间虽然不长，我们的行程却颇为丰富：

我们去乘坐了香港地铁，在奔驰的速度中体验香港人的生活节奏；

去了香港极具盛名的"许留山"甜品店（请大家有机会一定要去尝尝），享用了甜香四溢的芒果大餐，那味道，好吃到脚软，让人恨不能长居于此；

我们跑到铜锣湾时代广场和 SOGO 购物中心之间那条"斑马线"上穿行，看着四周人潮汹涌，感受情人节的浪漫气息；

然后一起去逛了世界知名的酒吧街——兰桂坊。我们几乎把那里林立的酒吧走了个遍，逢人就说"你好"，冲他们点头微笑，兴致高了再一起跳支舞。这里有来自世界各地的友人，有时候遇到语言不通无法交流，我们就破罐子破摔，干脆讲起了长沙话。老外们似懂非懂，反正跟我们你来我往谈得不亦乐乎。看来不止音乐无国界，酒吧文化也一样嘛！

　　最后阿田带我们做了好多内地人（包括艾敬在内）去香港最想做的一件事——去看午夜场电影。有了情人节的气氛烘托，这项活动当天十分火爆。我们淹没在一众情侣中间，在不夜城里好好过了把瘾。虽然那电影实在没能将我们玩累后的情绪再次调动，但我们终归圆了个 fashion 的梦。

　　可惜的是，香港只是这次旅程的中转站，只能稍作停留。情人节晚上，我们便搭乘由香港飞往泰国曼谷的航班，依依不舍地告别了这座购物天堂。

　　当天搭乘的航班隶属于澳洲航空公司，空乘人员都是的外国人。虽然语言不通，但整个机舱洋溢着和谐的气氛。

　　这里不得不再次提到我们可爱的剧务小刘。在飞机上用餐结束之后，按照惯例，是喝热饮时间。于是空姐面带微笑、亲切地走到每位乘客面前问："Chinese tea（红茶）or coffee（咖啡）？"不是人人都懂英语，因此有些人听完之后往往会冲着摆着两种热饮的方向随便一指了事。空姐则会根据乘客的选择提供相应的服务。这事儿就有点赌博的意思，选对了皆大欢喜，选错了么，就只能自认倒霉。

　　然而小刘是一个较真儿的人，虽然不懂英语，她却必须得弄清楚这究竟是两种什么饮料。于是当空姐走过时，小刘立即站起来指着盛饮料的水壶比画起来。嘴里想说什么又不知道怎么表达，因此还发出些"呜呜"的声音，活像一出哑剧。空姐那边丈二和尚摸不着头脑，不知道小刘是什么意思，小刘这方则因为引得周围人侧目，十分窘迫，比划得更加杂乱无章。两个人都僵住了。

　　我们正替她着急准备上前解围，这时，小刘身边一位懂中文的老外站了起来。他三言两语和空姐做好了沟通，然后为小刘端上了她中意的红茶。小刘这才心满意足地坐下。热心的外国友人出于善意（也许是省得麻烦），干脆把毛毯、风油精、英文杂志、免税商品，等等，所有飞机上的服务统统为她叫了个遍。于是小刘在这趟国际航班上，彻底做了一回"上帝"。很快，我们便到达了泰国。

　　一下飞机，什么"冬天"啊，"寒冷"啊，都像是上个世纪的东西，瞬间就被我们抛到了九霄云外。三十八九度的烈日底下，穿夏装都觉得多余。环顾四周，黝黑的肤色、淡腥的海风、湛蓝的海水、金黄的沙滩、闪烁的霓虹、微醺的心情……一切都如梦似幻，简直太令人愉悦了。

　　在这趟异国之旅中，我们每个人都将自己的特质展露无疑。

　　都说爱美是每个女人的天性，仇晓就是个中典型。每次路过一个景点，她的主要任务都是买衣服。等回到住处整理的时候，我们发现她的大多数"战利品"都是些风格极类似的布匹，往身上一裹一拼，就成了漂亮的热带衣裙。我们都戏称，泰国的服装生意真省工艺呀，连线都不用的。不知道现在已经成为妈妈的仇晓回忆起这段插曲会作何感想？

我们的小刘姑娘则扎了满头的黑人小辫四处招摇，远远看去还真有点像乔伊娜！热心的"乔伊娜"虽然英语不怎么样，责任心却是满满的。每当看到哪个老外不小心踏进绿草地里，她就紧张地大喊："No踩，No踩！"中英文结合，让人忍俊不禁。

而我，仍然是跟"小伙伴"龙丹妮组队，每天不知疲倦地享受着泰国的点点滴滴。白天，我们跟着旅游团一边观光一边参与集体活动，在某个景点居然为了争大象是从我身上踩过还是从她身上踩过而大打出手。当时必定是疯了！晚上，我们去逛各式各样的酒吧，结识一大堆也许以后再也不会见面的外国朋友，与他们一起喝酒、聊天和唱歌，high到爆。

我们的主任倒是异常悠哉，仍旧像在长沙一样过日子。每天要喝茶、吃中国菜。回国以后你问他泰国什么东西最好吃，他准会说："从家里带来的萝卜干炒腊肉！"

两年后，当我再次拿到《快乐大本营》剧组的出国时间表时，不禁惊呼："假的吧！"居然和两年前的一模一样。不过仔细想想，又可以在香港度过一个"情人节"，何乐而不为呢？更何况，这一次还多了李湘！

现在，每当想起这次泰国之旅我都兴奋难抑，除了因为这是我第一次走出国门、踏上异国的土地，最重要的还是因为旅途中与朋友们留下的那些美好回忆。随着《泰囧》热映，我又开始按捺不住想再次重温泰国之旅的想法，只是不知道下一次，我会不会也遇上王宝强一样的旅伴？

# 西藏，朝圣者的天堂

西藏在我们中国是个特别神圣的地方，每年都有无数朝圣者一路跪拜匍匐赶往那里参拜。这里有一望无际的雪山、雄浑壮丽的布达拉宫、余音袅袅的梵唱，还有纯真质朴的藏民。西藏就像那里的天空和土地一样，有着最纯粹而绚丽的色彩。

有一年，我曾有幸因为拍摄《天南地北快乐情》的外景而去过一次西藏。在那里我不仅领略到了西藏的自然风光，还获得一份意料之外的人生感悟。

那年来到节目组人人神往的圣洁之地，大家都有些按捺不住激动的心情。因此，在拍摄工作结束以后，我们特意挤出时间去拉萨游览了一番，还专程逛了三大著名景点：布达拉宫、罗布林卡和大昭寺。

想象中的西藏因神秘而朦胧，如今真的走进这似真似幻的圣地，那些曾经遥不可及的空灵感刹那间就吞没了我的心。参观大昭寺时，我不自觉地顺着楼梯爬上了寺顶。豁然开阔的视线里，我看到蓝天以一种无边无际的姿态在眼前展开，若隐若现的白云里偶尔会露出雄鹰飞翔的身影，庙顶在阳光下闪烁着金光，耳边还不时传来荡涤心灵的梵音……一切都如诗如画，美不胜收。

就在我完全沉醉其中的时候，突然看见墙边的角落里独自坐着一位金发碧眼的女孩儿。她的脚边放着一个与她的身形相比无比巨大的旅行包，而她自己正在静静地读着一本类似于旅行日志的书。真正引起我注意的，是她脚上的那双鞋。一般来说，一个漂亮的女孩子出门旅行时大都穿着一双很干净的鞋。但她的运动鞋却不是这样，从磨损度和新旧程度来看，这个女孩儿一定已经走过了很多路。

当时也不知哪里来的勇气，我带着好奇走向了她，而她也正好抬起头看到了我。我们相视一笑，便一见如故地攀谈起来。从短暂的对话中我了解到，她是一位美国大学生，现在正在中国自助旅行。她去过中国的很多地方，而这里——西藏，是她最渴望、最梦寐以求的圣地。她专门准备了足够多的时间，准备好好了解、记录这里的一切。

在我们交谈时，女孩儿一直处在一种极度兴奋的状态。兴之所至，她还会手舞足蹈一阵。不过意识到失态后，她又会赶忙抱歉地说："对不起，我已经很久没有说过话了！"我被她的真诚和热情打动，也倾诉起了这次游历的感悟。两个人相谈甚欢。最后，她告诉我，她很喜欢太阳，喜欢沐浴在阳光下。而在这里，在这个世界上最神圣的地方接受阳光的洗礼，是她此行最美好的收获。

"我希望，你也能体味这种意境！"美国小姑娘面带微笑真诚地对我说。

与她告别后，我心里久久不能平静。虽然是萍水相逢，但她却给了我极大的震撼。人生匆匆数十载，其实我们每个人都是这个世界的过客。如果能像这个女孩一样用心体会，用情感悟，至少生命会变得更有意义。因此，从那以后，我变得更加留意细节，热爱生活。我越来越觉得，自己要的幸福在点点滴滴的感悟中渐渐清楚。

从西藏回来之后，我开始有意识地抽时间放空自己。我清晰地记得上个世纪最后的那个平安夜，到处热闹非凡。每个人都在庆祝平安，表达快乐，而我却只想远离喧闹。我觉得这个特别的日子应该用一种适合自己的方式去庆祝，就像那个美国女孩需要在阳光下追逐自我一样，我也需要找一个宁静的地方感受属于我的快乐。

于是，我决定去游泳。

不出所料，在这个特殊的节日，选择游泳池来度过平安夜的人还真没有。我一个人在泳池里快乐地游着，不知游了多少个来回，直到筋疲力尽才背靠池边仰着头稍作休息。

正在这时，我听到几声礼花的巨响。透过泳池的玻璃顶，只见五光十色的烟花在天空绚烂绽放。那一刹那，我竟然像小孩子一样兴奋地叫了起来。我想起我最喜欢的那部日本电影《去年烟花特别多》。在这样一个让人内心宁静的环境中，这片烟花让我体会到了一种独特的幸福。

# 伦敦的中国情结

　　很多人都知道，我是一个热爱运动的人，尤其擅长跑步。所以每当奥运会即将到来的那段时间，我都会疯狂地关注体育新闻。对我来说，能够亲临赛场，一睹各位运动员在跑道上分秒必争的风姿，简直是莫大的幸福。除此之外，参观各地的奥运场馆也是一种欢愉的体验。

　　2012年伦敦奥运会即将来临的时候，我的幸运从天而降。当年六月，伦敦各大高校正在举办"这就是伦敦"高校展示活动。也许主办方认为我们在微博上有一定影响力，所以邀请奥运会跳水冠军李娜、新东方创始人徐小平、何老师和我一起作为嘉宾到伦敦来参观，并做宣传。于是我又一次踏上了伦敦的土地。

　　虽然还不到比赛时间，但能够在工作之余感受下即将到来的奥运氛围，我仍然觉得满足。参观奥运场馆就是我此行的一个重要目的。相比之下何老师就比我高端了许多："看到这里的学生在学习期间就能够接触到业界大牌企业，觉得非常好。我们非常愿意把英国一些好的教育资源推荐给中国国内的学生，让他们有机会能够接受世界最高水准

的教育——这是我们此行的特别使命。"

不得不说何老师是一名称职的人民教师，时时刻刻都心系教育事业。我就活得比较简单，只想好好放松自己，贯彻我的幸福主义。

几年前我曾经来过伦敦。当时我参与英国媒体组织的电视创业开发课程，因此在这里停留了一个多月。那时的我，白天专心读书，跟BBC这样的优秀媒体交流、学习，晚上看一些音乐剧，生活可谓过得非常充实和惬意。

这次故地重游，不仅没有了第一次来时的陌生，反而处处觉得亲切。再次近距离感受伦敦，我发觉英国的整体面貌似乎没有明显变化。但随着奥运会的临近，这座城市对体育运动的热情空前高涨。当时有记者问我重回伦敦有什么感受，我是这样回答的："最大的变化是深层次的，而不是建一座高楼、改造一条街道。我很想看看从北京手中接棒的伦敦会以什么样的方式把奥运会呈现给世界。"

这次到伦敦去还有一个最大的感受，那就是中国的元素开始越来越受当地人的青睐。我有些吃惊，但是这事儿其实也并不意外。陈奕迅、周华健、梁静茹、张信哲，等等，都曾来这里开过演唱会。相信随着越来越多的华人歌手、艺人到伦敦演出、发售专辑、拍摄电影，中国对这里的影响力也会日益增加。当我在伦敦街头看到随处可见的华人面孔，还有越来越多的华人报纸时，甚至会生出这样一种错觉：这里，不会是长沙新修的一条欧式风情街吧？

我还偷偷和何老师商量："要不然咱们'快乐家族'也来伦敦开演唱会？"没想到他听完后居然转头就告诉记者："这次问过伦敦的一些华人朋友，他们兴趣很大，我们（快乐家族）也非常有兴趣来这里演出。"

　　最让我感动的是很多海外华人认出了我们，并热情地与我们合影留念。这让我不禁感慨，我们《快乐大本营》也走的是国际范儿嘛！看来，我们湖南卫视早已走上了国际大舞台！我由衷地希望，这些在海外的中国人，无论是做生意还是留学，都能够通过我们的节目变得更加快乐和幸福。

# 中东，一次难忘的异国之旅

题记：因为工作原因，我们经常会去世界各地进行拍摄。在这个过程中，我记录了很多精彩的片段，并以日记的形式把它们呈现出来。第一篇就是《中东旅行日记》，我们穿越了香港、埃及、开罗、以色列等国，感受到了不一样的中东风情……

## 安检，惊恐一梦

中东之旅本是我渴望已久的旅程。但我万万没想到，这次旅行竟是从一场惊恐之梦开始的。

我们这次旅程的第一站是以色列首都，从香港出境。之前，我就听去过中东的朋友说过，中东地区的出入境是多么麻烦，但我没想到是如此麻烦。

我说得一点儿也不夸张。

来到香港机场，我们马上开始找以色列航空公司的柜台办理登记手续。这一找就把我们惊着了：我们看到了一排整齐的荷枪实弹的香港警察，还有一只凶狠的酷似哈巴狗的猎犬，就在以色列航空公司的柜台前。而且，以色列航空公司的柜台在所有柜台的最远处，用隔离带与其他航空公司的柜台分开，隔离区内穿行着几个衣着笔挺、表情严肃的以色列人，他们正在为乘客进行着严密的安全检查。

这个阵势让我们感到非常恐惧。

我们团队共有18个人，在到达香港之前，领队就反复跟我们强调：安检时尽量不回答他们提出的问题，就说自己不懂英文，所有关于行程安排的问题尽量交由领队代替回答。领队的意思就是：你说得越少，知道得越少，越容易通过安检。如果让他们发现你知道得很多，他们就会不断地发问，直到问得你前言不搭后语，就把你扣下来，不让你登机。

所以，在登机前，我们就非常地忐忑不安。

首先是我们的领队和团队的其中一位成员接受询问和检查。以色列的安检人员用他们锐利的眼光在我们所有人身上打量了一番，最后选中了我们的导演龙梅。领队和龙梅老老实实被他们盘问了好几十分钟，虽然离得很远，我们依然能看到他们的神情显得非常凝重。

我和李湘心里很是愤愤不平："明明是去旅游，搞得我们像犯人一样。"气得我俩直叫："不爽，不爽啊！"但"人在屋檐下，哪能不低头"，况且也不能让这些小事破坏了我们旅游的好心情啊，所以我们只好忍着。

终于，龙梅朝我们做了一个"V"的手势，我们紧绷着的心放了下来，他们过关了！

接着，我们的团队以 3 个人为一组分成了几个小组，分别接受安检人员的检查。我和李湘被分为一组，为我们检查的是一位香港机场的安检人员，态度非常友善。我和李湘的心情因此放松了不少，我们的态度也转变了很多，在接受询问的同时，竟然和他攀谈起来。

这位安检人员说，这样严格是为全机乘客的安全着想，因为很多突发情况如果能及时在地面解决，就不会给空中安全造成影响了，更何况，以色列本来就是一个动荡不安的国家。我们也很认同他的话，这么严密的检查还是非常有必要的。这位工作人员还说，他去过长沙，并祝我们在以色列过得愉快！

这让我们心中惊恐的感觉消除了不少。

他给我留下了极好的印象，因此我们回答问题的方式也变得幽默起来，而他也回馈了我们灿烂的笑容。很快，我们就被获准办理登机手续，这时，他也开玩笑地说："都是中国人嘛，就不必太认真了！"

如果全世界的人们都能如此友善、如此关爱的话，就不会有战争，也就不会有如此繁琐的安全检查了。

当飞往特拉维夫的波音 747 飞机终于翱翔在天空的时候，我们心中惊恐的感觉完全没有了！因为以色列航空公司的服务人员态度非常热情，和安检人员的一脸严肃完全相反，而周围各国旅客也非常友善和热情，机舱内的气氛显得非常和谐温暖。很快，许多人在万米高空酣然入睡了，而我也准备好好休息休息，养精蓄锐，因为听说下飞机后，还会有更加严密的检查在等着我们……

还会这么惊恐吗？但愿一觉醒来，世界和平了！

## "圣城"，我来了

经过漫长的飞行，到达特拉维夫已是当地时间凌晨4点。

这个时间段是机场最繁忙的时候，大多数国际航班都在这个时间到达。经过香港机场的惊恐一梦，我们以为在这里还要经过一次严格且繁琐的入境检查，但事实却出乎我们的意料，入境手续比我们想象中要简单得多，大家的心情一下子轻松了很多。

很快我们就办完了入境手续，坐上了旅行团队的客车前往市区。一出机场，大家就有点傻眼，满停车场的taxi全是最新款的"奔驰"，大家啧啧称叹："以色列真是富裕啊，出租车都用奔驰。"

接下来，我们就要好好参观参观特拉维夫这座城市。大家匆匆吃过早餐后，就迫不及待地赶往犹太人纪念馆。一路上，特拉维夫的城市风貌尽现眼前，真是"百闻不如一见"，它并不像人们传言中的那样战火纷飞，相反，非常安静，又非常现代化。

很快，我们就来到了犹太人纪念馆，在来之前，所有的人都很期待，但到了这里，期待被一种痛苦的情绪所代替。因为这里记载了犹太人在第二次世界大战中被歧视、驱赶、囚禁、杀害的全过程，看得所有人是毛骨悚然，那种血雨腥风的场面仿佛就在眼前。

在纪念馆的外面，郁郁葱葱的树下面是一个纪念牌。导游告诉我们："纪念碑上的这些人都曾为保护犹太人做出过贡献。在这些人里面，最著名的就是辛德勒，他拯救的犹太人是最多的。在纪念馆附近，有一片他的墓地，犹太人经常去吊唁他。"

　　在这里，犹太人种了许多树，来纪念和保佑纪念碑上的人的在天之灵。望着这些郁郁葱葱的树，我们都在想：如果世界能有更多的绿色，世界就应该会更加和平吧！

　　特拉维夫之行让大家的心情都很沉重。还好，我们很快就转换了环境——"圣城"耶路撒冷。这可是我们向往已久的一个城市，我们兴奋地欢呼着："圣城，我来了！"

　　从我第一次在历史书中读到耶路撒冷这个名字起，这个城市在我的心里就无比神圣！它是三大宗教的发源地，所以，本应该是一片安详宁静之地。但不幸的是，它一直是犹太人和阿拉伯人争夺的定居点，因此，"圣城"，从来就没有真正安宁过。

　　特拉维夫距离耶路撒冷并不远，一个小时后我们便到达了目的地。来到圣城后，我们的心情更为复杂，这座传说中的城市，像一位饱经沧桑的圣者，在它满目疮痍的面孔上，是凛然不可侵犯的庄严。

　　我不禁感慨：宗教虽然是高尚的信仰，但是它的建立也曾蒙受了各种苦难与纷争。就像这里的哭墙，它正是这些苦难的最好见证。在哭墙前，来自世界各地的游客们将自己的心愿写在纸条上，塞进墙缝里，然后虔诚地祈祷。我们也不例外。我相信，这些纸条代表的不仅是个人的心愿，更代表了全世界人民渴望"世界和平"的共同愿望。

到了耶路撒冷，如果不去一条路上走一走，将会非常遗憾，这就是耶稣的受难之路。这条路坑坑洼洼，极不平坦……就像我们的人生，永远是不平坦的，充满了艰难险阻。但是，没有经过磨难的人，怎么可能到达理想中的世界。所以，在经过这条苦难之路后，我们便来到了耶稣升天的殿堂。我们满怀崇敬地触摸着安放过他圣体的那块石板，看着他慈祥的神像……那一刻，突然感受到了他的无限仁爱。

走出圣殿，远处清真寺的金顶上的光芒慷慨地洒在我们的脸上，暖洋洋的。我心想：无论是哪种信仰，只要有爱就能给人带来温暖和力量！

## 掀起埃及的盖头来

我对撒哈拉沙漠的最初印象来自三毛的小说：神秘的金字塔，美丽的尼罗河，黄沙滚滚的沙漠……可以说，埃及是我这次旅行中最向往的一站，李湘也是如此。

今天，我终于可以掀开埃及的盖头来，一睹它的芳容，这怎能不让我兴奋！所以，当我们的车疾驰在去往埃及的路上，还没目睹到它的"真颜"时，我们就已经激动万分了！

而飞机降落在非洲大地上那一刻，我和李湘都忍不住欢呼起来。

要说现代化，埃及开罗的建设远远赶不上我们的首都北京，不过它却有着自己独特的异域风情。这里的公路很拥挤，车、马、驴、骆驼并行，到处是尘土飞扬，像个大集市。对于我们这些看惯了高楼大厦的人来说，的确有种视觉上的巨大冲击。

开罗第一站——埃及国家博物馆。

我们的导游穆哈默德是一位活波开朗的埃及小伙子，他曾在中国学习过一段时间汉语，可以勉强说些成句的中文，但在埃及已经很了不起了，因为全埃及会说中文的也不过只有十几个人而已。

因为他不灵光的汉语，在他反反复复的介绍下，我们对埃及各种古老的文明还是混淆不清。大家看完了一大堆法老雕塑、墓葬珍品和木乃伊，仍然搞不清楚什么是法老文明，什么是尼罗河文明。

开罗第二站——金字塔。

金字塔，这本是让我们最兴奋的看点，但大家经过长久的舟车劳顿，个个是又困又乏，所以在前往金字塔的途中，我们在摇摇晃晃的车上竟然都睡着了……

一直到车行驶在金字塔大道上的时候，我才突然惊醒！望望窗外，不知道自己此刻置身何地，双眼迷蒙中，远处薄霭中有一座建筑若隐若现，金字塔！我一下子站了起来，全身的寒毛都竖了起来，我大声喊道："金字塔！金字塔……"

车上的人都被我惊醒了，很快，车厢里沸腾了起来！大家兴致高昂，恨不得马上触摸到金字塔。在撒哈拉的沙漠公路上，车奔跑得更快了。眼前的景象太壮观了：周围一片戈壁，只有三座金字塔屹立在那里。终于，车子在金字塔的不远处停了下来，这个地方是留影的最佳位置。不过我却希望车子能不停地奔驰，一直飞奔到撒哈拉大沙漠去……

贾婷（栏目的制片主任之一）、龙梅、陈朗（栏目导演）等早已准备就绪，她们披上中东风情的围巾，摆出各种姿势，在金字塔前面留下了美好的瞬间。李湘和我也绝没有输给她们，我们还牵来了一头骆驼！

走近胡夫金字塔的那一刻，天色已接近黄昏，金色的夕阳洒在神秘的狮身人面像上，非常地安静、祥和，这幅画面让我久久无法平静。

此刻，我多么想躺在这脚下的沙砾上，静静地感受这一切……

## 游轮，神庙，尼罗河

感受过了耶路撒冷的神圣，亲历过了埃及金字塔的神秘，我们又踏上了征程。经过 12 个小时的火车旅行，我们从开罗来到了阿斯旺。

阿斯旺位于尼罗河的东岸，是埃及的文化名城，最有名的是阿斯旺大坝。不过我们并没有在这里逗留，因为我们此次的行程实在是太满。所以一下了火车，我们就马上上了一艘游轮前往古城卢克索。

从出发到现在这么多天，我们都没有好好在房间的床上睡过一个安稳觉，因此，进了游轮的房间，我和我的室友汪艺真倒头就睡了。这可是一次漫长的旅行，我们将在这游轮上待上三天左右。

不过我们可以好好感受一下尼罗河两岸的风光，好好享受一段轻松闲散的旅程。的确，这三天确实是非常享受，因为这艘游轮的豪华程度不亚于一家五星级酒店，餐厅、酒吧、商店一应俱全。美中不足的是，船上的餐厅供应的全是西餐，这对口味重的湖南人来说可是一大煎熬。

还好，团队里细心的领导们不远万里从湖南带来了辣椒酱和袋装的熟食，因此每次在餐厅就餐的时候，总能看到我们这个团队排队领辣酱的壮观场面。

就这样，游轮走走停停，行进得并不快，我们上岸参观了很多神庙。有一些神庙因为兴修水利而被整体迁移，但令人赞叹的是，搬迁后的神庙和之前的建筑风格几乎一模一样！神奇的埃及人果然神奇！

除了神庙让人一饱眼福外，夜晚游轮酒吧里各种各样的民族风情表演也让我们大开眼界。埃及人能歌善舞，尤其是肚皮舞娘的表演看得世界各地的旅客大赞不已。舞娘跳到兴致极浓时，会邀请客人到舞池中共舞，李湘有幸被邀请，真是大出风头。

游轮上的惬意时光，一扫大家之前的疲劳。我闲来无事时，就搬一把躺椅，坐在太阳下，耳朵里塞上耳机，手里拿一本书……这感觉真是享受极了！

可汪艺真总无情地打击我："已经够黑的了，还晒太阳，还要不要做主持人了！"而我根本不理会他的打击，依然摇着躺椅，无比陶醉地欣赏着尼罗河两岸的风光。

我想起我很喜欢的那部电影——《尼罗河上的惨案》，没想到，今天我竟然会在这条河上旅行，真是太不可思议了！

除了《尼罗河上的惨案》，我还很喜欢《侏罗纪公园》，我能到"侏罗纪公园"畅游一番吗？请允许我想象吧！

## 畅游"三国"

以色列，这是个抵达人类灵魂的地方。

它是犹太教、伊斯兰教和基督教的发源地，因此充满了浓浓的宗教色彩和异域风情。虽然新闻报道上的以色列纷争不断、动荡不安，但实际上这个国家安详而质朴。其悠久的宗教文化和传奇的犹太传统，是那么神秘而令人向往。

与埃及接壤的以色列城市埃拉特，是一个现代化的海滨度假城市，高级酒店林立，餐厅云集，购物中心里集中了世界各大名牌。来自世界各地的游客，脸上露出友善而惬意的表情。

我简直太喜欢这个城市了！它让我忘记了喧嚣和烦恼。在我们下榻的酒店房间，推开窗户就可以看见大海，得天独厚的享受条件。可惜，我们只能在这里待十几个小时。

去沙滩晒太阳是来不及了，去世界上最有名的海底景观潜水更来不及了，天哪！这太令人遗憾了！还好，这里离购物中心非常近，我们只好用购物弥补心里的遗憾。埃拉特是个自由港，很多商品都免税，因此相当便宜，于是大家开始疯狂购物，尤其是女士们。幸亏大家都买了些东西，否则，这么美丽的度假胜地算是白来一遭了。

　　疯狂购物之后，我们离开了埃拉特，前往旅程的下一站——约旦的古城帕特拉。

　　帕特拉，被人们誉为"迷失的古城"、"玫瑰之城"，整个城市依山而建，而老帕特拉城就在群山峻岭当中。我们的旅行车直接开到了山口，接下来，我们就要步行两三个小时去参观这座迷失的玫瑰城了！

　　乍一听"玫瑰城"这名字，还以为是这里的玫瑰花很多呢，事实并非如此。这个城市的许多岩石风化后，在太阳的照射下呈现出深浅不同的红色，远远看去，像绽开的玫瑰一样，"玫瑰城"因此而得名。

　　但可惜的是，这天我们没有看到这个城市的"玫瑰色"。因为天公不作美，下起了丝丝小雨，没有了阳光的照射，骄傲的玫瑰不肯绽放，所以，走在瑰丽的"玫瑰之路"，我们没有看到浪漫的"玫瑰"，倒是感觉到了一种悲凉。

　　但不可否认的是，帕特拉的确是一个很美丽的地方。尤其是这里的夜晚，特别迷人——整个城市闪着星星点点的灯光，天空似乎也在与这样的美景相互映衬，在云开雾散之后，灯光、星光连成一片。

　　这样宁静美好的氛围，突然勾起了我的思乡情绪。出来了这么久，又是异地他乡，还真有点想家了。于是，我写了两张明信片。我外出旅行时一直有寄明信片给好友的习惯，但愿今晚的心情，朋友们也能一起分享！

　　从约旦出发去以色列要经过约旦河。这条河是这两国的土地上唯一的一条淡水河，因此，也是一条是非之河。在国内，我们经常透过新闻了解到，约旦河东西岸一直有战争发生，今天，终于亲眼看到这条著名的约旦河了。

可当我们的旅游车驶过约旦河时，我们却不禁哑然失笑：眼前的这条小溪原来就是让两国大动干戈的约旦河！由此可见，淡水对中东人民来说是多么重要啊！

再次回到以色列，预示着我们的中东行程已接近尾声，但我们却赶上了一个大日子——以色列大选的日子。前往特拉维夫的高速公路上贴满了沙龙和巴拉克竞选的海报，以色列人民正在用各种各样的方式来支持他们心目中的领袖。

我们在特拉维夫住的酒店与大选指定的酒店只有一街之隔，远远地就能看见世界各大媒体的记者黑压压一片，正在等待大选结果的公布。我们开玩笑地说："现在走过去到镜头前打个招呼，说不定就能在国内的新闻里看到我们。"

离开热闹的酒店区，龙梅、陈朗、易骅和我在导游的带领下走到了地中海边。海滩上没有灯，暗暗的，隐隐约约看见一对对情侣在依偎，耳边是海浪拍岸的声音，很有种宁静致远的韵味！

惬意的时光总是感觉非常短暂，很快，我们的旅行要结束了。短短两天，我们走了三个国家：埃及、以色列、约旦。感觉来去匆匆，像是做了一场梦，但这个梦却在我心里留下了永久的回忆。

就在这时，一架飞机从我们头顶飞过，我们不由自主一起大声喊道："是回香港的吗?"

## 惊险刺激的"过山机"

尼罗河上的行程已全都结束，在短暂休息后，我们准备从卢克索乘飞机返回开罗。

卢克索机场的候机楼非常小，但出港的客人却相当多，所以整个候机楼里是熙熙攘攘、热闹异常，加上到处都有人兜售旅游纪念品，我们仿佛是又来到了一个大集市。

这里的候机室不如国内的方便，没有广播通知乘客登机，哪个航班该飞了全凭工作人员一张嘴。要不是穆哈默德大声叫我和湘姐的名字，我们肯定要留在卢克索多待上几天了。走到舷梯前，我突然发现，我们好像都没有进行安检。难道埃及人坐飞机和坐出租车一样简单吗？这真让人感到不可思议。

我们乘坐的这架飞机是大型宽体客机，当我看到投影屏幕上显示的飞行提示时，更觉惊讶：从卢克索到开罗的飞行时间不到1小时，可是中途我们还要转停一个城市。天哪！真像坐出租车！

随着引擎声的加大，我们的飞机升上了高空。天气非常不错，晴空万里，特别适合飞行。机长通过广播祝我们有个舒适的旅途。

在机长的祝福声中，我渐渐进入了梦乡。在睡意蒙眬中，我突然觉得飞机摇晃得厉害，连忙睁开眼，一看，飞机正在下降高度。这么颠簸是因为气流的原因吗？一问空姐才知道不是。只是因为机师操纵得太过猛烈而已，所以整个飞机就像一辆过山车一样，忽高忽低，刺激极了！但是，有人受不了了，身后传来了呕吐的声音——有乘客晕机啦！

不过，真正惊险刺激的还在后头呢！根据我这些年的"飞行经验"，我知道飞机在降到一定高度时，就要对准跑道，放下起落架。可是我们这位驾驶员老兄可好，飞机都快接近地面了，他还在对跑道。眼看着飞机就要着陆了，就在最后一刻，他突然提起机头，后轮"砰"的一生，蹦了三两下，一下子砸到了地面上！

哇！我的心猛跳不止。纵然我坐飞机的经验丰富，但这还真是一次特别的体验，我生平第一次感受飞机砸落在地面的感觉。一直到现在想起来还让我心有余悸！——这真的是一次惊险刺激的"过山机"！

## 我在炸弹爆炸现场

这天是我们离开埃及的日子，金字塔，尼罗河，撒哈拉沙漠，再见了！

一早起来，我们就乘车前往埃及的边境，这段行程大约是六个小时的车程，途中我们经过了世界闻名的苏伊士运河。

来到埃以边境，我们和穆哈默德深情告别。这些日子与他相处非常愉快，组里的女孩子们更是喜欢他的能歌善舞和热情大方。可是天下无不散的筵席，我们只能默默期待下次的相逢。

然后，我们再次接受以色列的安检，因为有了来时的经验，这次我们显得非常坦然。

我们按照程序按部就班地接受检查，就在安检完毕准备等待签证官盖章时，突然听到边境厅里响起了一段急促的希伯莱语，呜里哇啦不知道说的什么。正当我们纳闷儿时，给我们办出境手续的以色列人以百米赛跑的速度从我们眼前消失了。

这一幕让我们目瞪口呆！

正当我们发愣时，我们的导游冲着我们大叫："快跑，有炸弹！"

他的话音刚落，我们所有人也以百米赛跑的速度疯狂地朝出口奔去。我和汪艺真一直期待能发生点什么大事，好让这次旅行更加刺激，没想到，还真的碰上了。

很快，我们团队来到了危险区以外。这时，我们的领队朱兵大喊："不好！李湘不见了！"

在责任感的驱使下，他顾不上危险，返回入境大厅狂找李湘。很快，他和李湘一路狂跑气喘吁吁地过来了。大家终于松了口气，连忙问李湘去哪里了。湘姐红着脸说："刚进洗手间锁上门，就听到广播声，只知道事情很急，但不知道发生了什么事？然后，就听到朱兵大叫有炸弹！"

听到李湘的解释，大家笑得前仰后合。就在这时，广播又响了，呜里哇啦又说了一大段话。导游告诉我们警报解除了，请大家回去继续办出境手续。原来，一切都是虚惊一场。

导游告诉我们，以色列经常会出现这种情况，只要发现了身份不明的物件，工作人员就会把它当作爆炸物处理并拉响警报。刚刚那场虚惊就是因为一件无人认领的行李引起的。

听完之后，我真有点同情在这些安检部门工作的特工人员们。如果我工作在这种捕风捉影的环境中，肯定会疯掉的。

这真是一段令人心惊胆战、啼笑皆非的插曲，我们的这次旅行就在这首插曲中结束了！

# 好好玩，做个专业旅行家

人们经常感慨时间的流逝，我也一样。转眼，2013 年又要过去了，很多人都会想：这一年我做了些什么？还有什么是我没有做到的？2014 年，我对自己有什么期许？

2013 年，我有欣喜，也有挫折，但更多的是收获。我天生是一个乐观的人，我更喜欢关注自己新一年的期待，而不是过多的总结。因为过去的时光已过去，我们要活在未来……

所以，2014 年，我对自己也有新的计划和新的期待。

我最期待的是自己的旅行计划和新节目，因为旅行、美食、运动和聊天是我最大的爱好，特别是旅行。

不是自夸，我在旅行这方面绝对是个行家。这就好像我做主持一样，因为是兴趣所在，所以越做越好。而我本身是一个比较喜欢玩儿的人，所以渐渐地成了一个专业玩家。

俗话说："读万卷书，行万里路。"旅行不仅能让人感受到不同的风景，更重要的是能够让人开阔眼界。旅行的过程中还有一件非常"有意思"的事，就是它有可能让你看清自己的旅伴。不是有这样一种说法——检验你另一半最好的办法就是带他（她）去旅行？我不知道旅行是否真的可以检验出一个人，但至少我自己在旅游的过程中是很容易释放本性的。这也是我喜欢旅行的原因之一。

一个真正热爱旅行的人，享受的是旅行本身带给自己的乐趣。但是，在如今这个旅游热的时代里，不可否认的一点是，其中有很多人是为了旅行而旅行，从而忘记了自己究竟为什么踏上旅途。很多人的旅行甚至都是匆忙的，不能领略当地的风光，就只是跟着旅游团来来回回地穿梭在各个景点。

我极不喜欢这样的旅行，我更喜欢自助旅行。因为这样能更好地享受旅行的自由和快乐。但是我又和大部分的背包族、驴友不同，我更多的是去发现和了解某个地方的人是怎么生活的，而不是让自己成为那里的一位匆匆过客。所以，地方很重要，人更重要。

旅行时，一定要找个最了解那个地方的人带你去感受那里的一切，一般意义上的导游不行，他们太过于教科书化，最好是找生活在那个地方的人。所以，我经常会跟新媒体互动，其中的一个主要目的就是多认识一些生活在不同地方，且在那里生活了很多年的人。然后，等我到那个地方旅行的时候，我就可以请他们做我的导游。路线、行程都可以由他们来定，我听从安排就好。

如果旅行时你再次去到了同一个地方，我建议你找不同的朋友带你玩。地方是一样的，但不同的人却可以带给你不同的感受，他（她）或许能让你看到这个地方不同的一面。

每到一个地方，我都喜欢到当地的酒吧、咖啡馆去坐一坐，亲身体会一下当地的风土民情。旅行对我来说，成了一件非常惬意的事情。它可以让我置换心情，让我把自己内心不好的情绪释放掉，再把好的东西吸收过来，回来后还可以和大家一起分享。我们"快乐家族"聚在一起时，就经常聊一些彼此旅行中的趣闻。

旅行于我而言还有着更重要的意义，我小时候的梦想就是走遍全世界。我是一个执着的人，认准的事就会坚持下去。所以，我从未放弃过这个梦想。

当我自食其力后，我就开始一点点完成自己的这个梦想。到目前为止，国内国外我已经走过不少地方。未来，我还会在更多地方留下我的脚步和身影。

并不是所有的人都能够完成自己的梦想，我很庆幸自己有这样的机会。而如今，我又离自己的梦想更近了一步，缘由是《世界好好玩》。没错，就是我最近接的一档节目，带着一些明星到世界各地去旅游。

工作、旅行全部都是我热爱的，如今它们又结合在了一起，何其幸也！

这个节目以后可能会全部交给我来做，这又让我有一种回到老本行的感觉。记得 N 年前，我做制片人时的第一次尝试就是集旅游、美食、潮流为一体的一档节目。所以，《世界好好玩》这个节目我一点也不陌生。而且，我相信我可以学到更多东西。

因此，2014 年，我对自己的另一个期待就是，一定要把《世界好好玩》这个节目做好！

　　大家放心，我也不会冷落了《快乐大本营》。只不过，它已经形成一个成熟的模式了，并不会花费我太多的精力。

　　总之，在新的一年里，我希望自己在各方面都能有所突破。无论是《快乐大本营》还是《世界好好玩》，我都希望能够给人们带来更多的惊喜。

　　2014，加油！

# 何炅：命中注定的朋友

没想到，维嘉又要出书了。这个我工作中的好搭档，生活中的好朋友，居然再次选择做了"作家"。在这里我放一篇旧文，回忆下十几年前在我的眼里，这个古怪的家伙是什么样子的！

屈指算来，和维嘉已经是 6 年多的朋友了。我还清楚地记得 1994 年的那个酷夏，我骑着自行车在长沙市河西的 5 路车站见到了当时还很"鲜嫩"的维嘉。只说了声"你好"，我就"车失前轮"，突然栽倒在地上。

当时跌坐在大马路上的我，百思不得其解，怎么就栽在他面前了呢？

尽管如此，我们还是迅速地熟络起来。我俩加上胡南（另一死党，我的师妹），再加上彼此的弟弟妹妹们在一起度过了几个无忧无虑、快乐无比的假期。一直到今天我还记得在一个盛夏的子夜时分，我们坐在没有车来车往的五一广场中心岗亭的水泥台阶上数星星，一起祈愿年少时光不会老去。

可我们还是义无反顾地长大了。后来，维嘉以全省同类专业头名的成绩考入浙广，毕业后加盟红红火火的湖南经视，策划主持了街知巷闻的时尚节目《时尚传播》。

那段时间很难见到维嘉。他不是外出采访，就是窝在机房里剪片子，接到他的电话也是兴致勃勃地告诉我又发明了一种新的编片子的方法——"巨漂亮！"然后每周末都会看到他光鲜耀眼地在荧屏里介绍各类时髦玩意儿，一时间成为时尚界的带头人，威风无比。

再后来我们就开始搭档了。做搭档是我俩共同的愿望。我们在兴趣爱好、言谈举止等方面都惊人地相似，格外有"心有灵犀一点通"的默契，也常常被人误认作双胞胎，所以我们一直希望能联袂主持一个节目。终于，我们遇到了湖南卫视的《快乐新战线》！

我们的登台亮相引起了舆论的关注和观众浓厚的兴趣。因为大家都没有见过这样的两个非常相似的男主持人的搭配组合，另外我们也是全国首次以组合的形式包装的主持人，我们还有相应的组合名称——"李应外何"，也有专门的形象设计师为我们打造相当系统、非常协调的组合主持装，这些在主持界都是首开先例的新鲜事儿，应该说是成功地吸引了大众的注意力。

那时，在外面常常能听见路人议论我们的服装怎样怎样，哪个表情又怎样不约而同，甚至连我们对传统主持人手持麦克方式做的小小改变——使用"耳麦"，也有人津津乐道。

然而，外在形式包装毕竟只是辅助手段。要想在节目当中扎下根来，还得靠主持的风格和主持人本身的素养。我和维嘉在主持《快乐新战线》的过程当中也不断在思考风格定位的问题。

　　因为《快乐新战线》是由普通老百姓来唱主角的节目，所以主持风格也应该是生活化、平民化、亲和力强的。节目中，我和维嘉避免一切的空话套话，也回避一些过于文学、过于书面的措辞和语气，非常随意直接，尽量自然地表达，给观众一种"拉家常"的感觉。一方面帮选手放松，另一方面也方便观众融入节目中。比如说，有的选手特别紧张，甚至一直在发抖，我们就随便和他聊"今天你的发型挺棒的"或"看你好像有点不自在，放松放松"，显得特别亲切自然。

　　因为彼此有些相像，我们也曾经担心风格单调。的确，如果两个主持人大同小异，那又何必要两个，一个人唱独角戏不就够了吗？再加上没有女主持，所以我们在怎样丰富主持色彩、增加主持人之间交流等方面花了很多心思。我们决定大幅度削弱两个人的相似之处，把两人放在不同的角度，展开极具张力的、拉锯似的主持。在气质上，维嘉突出"冷面笑匠"的幽默感和灵感火花，我展现"热情小子"的活力形象并把握整体节奏。

　　另外，我们俩永远处在一种较量的状态下，不是各带一队打擂台，就是双方施展才艺较高低。我们经常在台上唇枪舌剑，争得不亦乐乎，有时候甚至会相互调侃到对方急得要跳起来。

　　刚开始观众还在议论："咦，那两个主持人好像啊！"慢慢地大家开始觉得这两个主持人整天掐来掐去特有趣。甚至有人问我："你私底下是不是也和维嘉

'争风吃醋'？"或"你俩关系特不好吧？"

电视发展到今天，起初的神秘面纱已经完全被揭开。在观众眼里，电视艺术已不再"遥不可及"，观众从被动欣赏甚至是"仰视"转变为以平等心态去评价、挑剔，更多的观众开始要求节目的可参与性。他们普遍的心态是：如果这个节目跟我一点关系也没有，我为什么要看？

我和维嘉也渐渐养成了一个习惯，就是在录制节目前先和现场观众沟通，我们会先向每面的观众鞠一躬，感谢大家的光临与参与，然后和大家聊聊家常，比如天气或交通什么的，也常常用方言和观众开些小玩笑。当录影工作开始的时候，观众已经不再是初到时正襟危坐的状态，他们开始意识到自己也是这个节目的一分子。"互动"概念初步灌输成功。

节目进行过程中，我们也会有意识地与观众交流，甚至跑到镜头前假装与观众说悄悄话。我们还经常把观众请上台，或随时与台下交谈，征求观众的意见来决定节目的进程。比如，这个选手可不可以过关、想不想看维嘉和选手搭档来个节目……观众的意志很容易体现在节目当中，台上台下，其乐融融，而节目也因为这样的互动而显得有声有色。

如今，观众对主持人的要求越来越高。在导演和观众的要求下，我和维嘉也不得不"博学多才"，还真不止有"两把刷子"。用维嘉的话说就是"永远在向自己的极限挑战"。回想起来，我们在节目里走过时装秀、唱过戏、开过赛车、划过龙舟、攀过岩，设计服装、当发型师、唱歌跳舞、演小品更是家常便饭。有一次，维嘉甚至和选手配合英文配音后被狠狠地扇了个耳光！同样用维嘉的话说是：这年头要做个主持人，容易吗？

　　为了做出更好的节目，维嘉和我都很努力很努力。而我知道，作为新人，维嘉的压力比我大得多。起初，有的观众甚至因为偏爱我而不给维嘉机会，而维嘉又很紧张观众的反应。记得刚上节目那会儿，维嘉来北京拍外景，如果有人认出他请他签名，他就很高兴，而且开玩笑说，要在心里画"正"字统计下来。现在不管去到哪里，都有好多好多人认出维嘉，也都很喜欢他，而维嘉也因为愈发自信而在节目里越来越放松。我真为这哥们儿高兴！

　　因为走得近，经常有人会拿我和维嘉做比较，然后得出谁好谁坏的结论。我想这也许对我、对维嘉都不公平。我是我，他是他。我有我的优点，维嘉有维嘉的长处。虽然经常形影相随，可我们谁也不要做对方的影子。因为和维嘉搭档，我觉得主持的工作也平添了几分轻松愉快。我也由衷地希望，我的存在能给这哥们儿带去快乐。

　　有人问：你不怕维嘉盖过你吗？我是这样想的，我把李维嘉当作是好朋友、好兄弟，朋友好，就是我好，而且比我好还要好！

# 马昊：永远在路上

听到维嘉要出书的消息，我的第一反应便是"让我写你吧"。可当他真的向我约稿、而且截稿日期就是明天时，我开始坐立不安了。我并不惧怕写文章，可写维嘉不一样，他是我的同事、我的朋友、我老公的兄弟……你无法想象我是多么想帮他，希望他一切都好。真的，就连这篇文章的题目我都思考了好几天。

最初听到维嘉的名字，是在十六年前，从我表妹的嘴里。她兴奋地说她在黄兴路上看到了他，还跟着他走了一段。她无比满足地告诉我："他真帅，比电视上还帅。"我看了看他的照片，心里想："是挺帅的，不过跟我没关系。"那时的我才刚刚做电视，但他已是经视小有名声的主持人了。

可是生活没有剧本，两年后，我开始负责制作湖南电视台新的娱乐栏目《快乐新战线》，我的领导把他介绍给我，我们便认识了。

我喜欢把我认识的人归类：成熟的、传统的、外向的……在最初和维嘉接触的日子，也就是他开始做《快乐新战线》节目主持人的时候，我把他归为典型的时髦男生。说他时髦是因为他永远是一副现代打扮，从衣服、裤子到皮带、墨镜无不要求登对，和何炅比起来有过之而无不及。说他是男生是因为他很随便，言谈中露着一股年少的味道（俗称"稚气"）。

我和他大多只谈工作，每到录制节目那天，我便会花上几十分钟在他和何炅的耳边像唐僧念经一样把节目的重点说上几遍，直到他们翻白眼。但当我发现他的主持越来越轻松自如，感觉越来越好时，我才觉得这个男生不简单。我想人与人的了解是从互相欣赏开始的吧，在后来与他的交往中，我逐渐发现维嘉隐忍、稳重的一面。他从来不把困难放在嘴边，好像对什么都能应付自如。

就拿主持这件事来说，他背后付出的艰辛恐怕没有人知道。他以前是做时尚节目的，在一个背景前对着一台摄像机说就可以了。可是像《快乐新战线》这类的娱乐节目，有众多的观众、五六台摄像机、层出不穷的各类状况，再好的主持人也是很难一下子适应的。最初大家都反映他找不着机位，主持不自然，他只是笑一笑，也不解释。可是作为导演，我却能明显地感觉到他每一期的进步之大。他在默默地改进，默默地调整，但表面上他依旧是那个戴着耳机、爱上网的时髦男生。

当我们渐渐熟识后，我们就常常聊天，有时也约一帮朋友一起玩。我发现他有惊人的感召力，常常一帮人要等他来才会热闹起来，而且他永远是折腾到最后的一个。我常常想他在小时候是不是得过"多动症"，否则怎会如此的精力充沛，如此的"生命不息，运动不止"。不管是在你心情好或不好的时候，他的这种朝气蓬勃的生命力都会让你觉得自己年轻一些，更年轻一些。

我渐渐地发现维嘉身上的这种特质源于他的家庭。他的爸爸和妈妈是他永远的话题，而且他父母对他的爱也深深地影响到了他。不论走到哪里，离家有多远，他永远不会忘记第一时间打电话给妈妈。记得在我们去拍摄《天南地北快乐情之西部行》时，由于在海拔3千多米的高原，又地处边界，手机没信号，他的话都少了很多。直到下山后和妈妈通了电话，我才看到从前的维嘉。有时我觉得他怎会如此离不开家，可转念一想，他不过才20出头，也还是个孩子，妈妈永远的孩子。

还有一件我记忆中印象深刻的事情，也发生在为2001年湖南电视台春节联欢晚会筹拍的《天南地北快乐情》系列活动中。维嘉刚刚从祖国最西边的斯姆哈纳边防连下来，经过8天的辗转拍摄，大家都很辛苦。

可更为艰苦的北漠河之行也迫在眉睫了，谁来主持成了一个关键问题，商量来商量去只有维嘉的时间适合。我负责通知维嘉，我在电话里第一句话便是："我要告诉你一件事，你不会杀了我吧？"让我意外的是维嘉就像答应一起去卡拉OK一样，自信又轻松地答应了。在他去往漠河拍摄的9天时间里，我每天都打电话给他。电话里他总是笑，讲给我很多趣闻，我悬着的心落地了。我想：他没生病又没包袱，真是好样的。9天后他生龙活虎地回来了，更印证了我的想法，可同行的导演却点点滴滴告诉了我一些不一样的事。

对于那些初到漠河的人，北极村的冷是可怕的，不管你穿多少衣服，在室外站久一会儿就像什么也没穿站在雪地一样，更何况拍摄量比较大，一拍就是几小时，艰苦可想而知。维嘉一直鼓励大家，讲很多笑话逗乐，直到漠河全部拍摄任务完成的那个下午，走进温暖的室内，脱掉臃肿的外套，坐在火炉边，拿着战士们递过来的羊肉串，维嘉吃着吃着就哭了。大伙儿都哭了，哭完后接着吃，谁也没说什么，只说漠河如何好玩，那儿的战士如何可爱，就像当时我打电话时他说的一样。

随着对维嘉了解的加深，我便和他成为了像姐弟又像朋友的两人。我发现他的朋友多得我数不清，而且他常常和见过一面的朋友就结下长久的友情。他对朋友的理解很单纯，或者说很纯粹，是就是，不是就不是。我曾经在他的钱包里发现一个女孩的照片，我非常好奇，他的答案却远超乎了我的想象，这个女孩居然是他一个好友的女朋友。我说："你暗恋她。"他回答："我们关系都很好，是朋友，一张照片，有什么奇怪的。"在我惊讶他那奇怪的朋友概念时，他也闯入了我和我老公的生活。他经常和我老公大侃特侃，把我晾在一边。我们一起在香港旅游时，我本来想和我那第一次来香港的老公甜甜蜜蜜地在"购物之都"逛一逛，可他一直和我们在一起，而且坚持和我们在一起，丝毫没有意识到自己是一个瓦数很高的电灯泡。更可恶的是，渐渐地，我老公和我出来玩时，他都坚持让我叫上维嘉，说有他更开心。

我零零碎碎地写了些和维嘉认识的点点滴滴，其实在认识他、熟识他的这么多年时间里，我一直希望找到合适的词来定义他，可是我越了解他便越发现他的丰富和精彩，所以我还是用他的名字来作为对他的定义吧。

维嘉……

# 柯蓝：维嘉的奋斗

维嘉这个不要脸的也出书了（好朋友之间经常是这么相互"诋毁"的），真的妒忌身边的朋友们一个个都很会安排自己的时间。真的不懂，他们除了繁重的工作和玩命的卡拉 OK 之余，哪有时间写东西？但是他们真的做到了。惭愧的我呀，竟然有一帮如此勤劳勇敢的朋友们。

喜欢维嘉是从第一眼开始，至今已经有很多年了。第一次见面时不禁讶然："哟，刘德华哪儿跑出来个'复制人'？给版权了吗？"身边的朋友也纷纷附和着，以至于有一次刘德华在台上演出，台下的朋友们用高分贝的声音狂喊："李维嘉，我们永远爱你，我们永远支持你！"羞得他呀，差一点没跪下来。

吃我们这行饭的，心理调整很重要，人最难的也是保持自己心理健康。对于维嘉来说，压力绝对是有的。他身边的几个好朋友，的确在事业上名气比他大，支持者比他多，但他好像从不放在心上，总会在适当的时候开开自己的玩笑，然后玩自己的去了。

在工作上，他也绝不会和任何人抢什么，这种乐天知命，也让很多疼他的人愤愤不平。何炅就经常会为了维嘉和工作伙伴发生争论，我也和他讨论过，在适当的时候应该让大家知道他的存在。

　　真的希望大家可以看到他的努力，经常得知他坐着火车在一些小城市做访问，再苦再累也从不抱怨什么。有一次看见他，他刚刚去了什么天寒地冻的地方（地名忘了），人都有点冻傻了。这之后两天，无论是审美还是是非观念都有点模糊。实例一：非说一个朋友烫的大妈头好看；实例二：非说我唱歌有进步了。当朋友们都心疼他冻伤的鼻子时，他还在自得其乐地说自己的鼻涕如何变成了固体的小冰柱……

　　在朋友们当中，他绝对是得宠的那一个，因为他值得。也希望更多的朋友们可以喜欢、支持维嘉，也因为他值得。

　　宝贝，希望你真的快乐，因为你值得。

**图书在版编目（CIP）数据**

快乐一嘉/李维嘉著.—北京：北京联合出版公司，2013.12
ISBN 978-7-5502-2449-0

Ⅰ．①快… Ⅱ．①李… Ⅲ．①李维嘉—生平事迹 Ⅳ．①K825.42

中国版本图书馆CIP数据核字(2013)第309156号

## 快乐一嘉

出版统筹：新华先锋
责任编辑：史　媛
封面设计：孙丽莉
版式设计：李　萌
责任校对：宋亚荟

北京联合出版公司出版
（北京市西城区德外大街83号楼9层　100088）
北京鹏润伟业印刷有限公司印刷　新华书店经销
字数180千字　787毫米×1092毫米　1/16　16印张
2014年3月第1版　2014年3月第1次印刷
ISBN 978-7-5502-2449-0
定价：39.80元